LES
DOUZE NOUVELLES
NOUVELLES

DE L'IMPRIMERIE PAUL DUPONT

Il a été imprimé 25 exemplaires sur papier du Japon.   20 fr.

25 exemplaires sur papier de Hollande au lys.   10 fr.

Et 50 exemplaires avec double suite d'épreuves.   8 fr.

Ce n'est pas elle qui valse avec lui, c'est la mort.

ARSÈNE HOUSSAYE

LES DOUZE
NOUVELLES
NOUVELLES

PARIS
E. DENTU, ÉDITEUR
PALAIS-ROYAL

— Qui aimes-tu, Salomé ? — Mon cheval.

I

MADEMOISELLE SALOMÉ

I

Ils valsaient avec emportement, mais avec abandon, ce qui est la grâce suprême de la valse. Il y avait un peu de l'épervier qui enlève une colombe. On lui en voulait presque, à lui, de sa rapidité vertigineuse, mais on voyait bien que la jeune fille se livrait sans peur, enivrée par le tourbillon.

Et quand ce fut fini, elle lui dit, tout en se dégageant :

— Avec qui, monsieur, ai-je eu le plaisir de valser dans cette réunion *selected*?

— Oh! mon Dieu, mademoiselle, un nom ridicule; je ne descends ni des croisés ni de l'Œil-de-Bœuf. Je m'appelle tout bêtement M. Arthur Dupont. Maintenant, si vous êtes curieuse de savoir ma profession, je suis auditeur au Conseil d'État, profession tout aussi ridicule que l'est mon nom.

Un physionomiste qui eût étudié la figure de la jeune fille aurait bien vu passer un nuage sur l'enjouement passionné de la valseuse. Elle retombait sur la terre du haut de son envolement amoureux.

Arthur Dupont! porter dans le monde un nom qui n'est pas mondain, n'est-ce pas y paraître dans un habit mal fait, avec une cravate mal mise?

La jeune fille reprit son fauteuil avec un sourire impertinent, se disant tout bas : « Auditeur au Conseil d'État! En effet, il a de grandes oreilles. »

Parti pris, car Arthur Dupont avait de jolies oreilles. C'était d'ailleurs ce qu'on peut appeler un joli valseur, qui ne déparait ni le monde où l'on s'amuse ni le monde où l'on s'ennuie ; profil à peu près correct, front lumineux, yeux vifs, bouche spirituelle.

Sa valseuse était sévère ; on peut bien s'appeler Arthur Dupont sans encourir les foudres de la mode.. C'est que cette valseuse avait été élevée par sa mère à jouer les Célimènes, celles qui n'aiment que leurs robes, leur éventail et leur beauté, — même quand elles ne sont pas belles. Il est vrai que celle-ci était bien jolie : figure parisienne à donner le vertige à ceux qui n'ont pas couru les filles du demi-monde. Ce qui surtout couronnait son air impertinent, c'est qu'elle portait un grand nom, que je masquerai ici par celui de Laure de Montaignac.

Une de ses amies la félicita d'avoir si bien valsé avec un si bon valseur.

— Je ne m'en souviens pas, dit-elle d'un air distrait.

Vint une autre valse. Elle prit un mauvais valseur ; elle en faillit briser son éventail.

Aussi Arthur Dupont fut-il le bienvenu quand il se présenta pour la troisième valse. Elle s'avoua alors que le nom ne faisait pas l'homme. Ce fut un si joli spectacle de les voir, elle et lui, valser en tourbillonnant, que tout le monde applaudit comme si on eût entendu chanter la Patti et jouer Sarah Bernhardt. Laure s'indigna.

— Me prend-on pour une comédienne ? Je valse pour moi et non pour la galerie.

Ceci se passait à l'ambassade d'Espagne. Le lendemain, autre fête chez Mme Mackay ; nouvelles valses ; les oreilles parurent moins grandes, le nom moins vulgaire, tandis que le valseur parut plus entraînant.

Cela continua toute la semaine, si bien que le bruit se répandit dans le monde que M. Arthur Dupont épousait Mlle Laure de Montaignac.

— Pourquoi pas ? dit Arthur à Laure.

Mais Laure répondit à Arthur :

— Comment voulez-vous que je change mon nom contre le vôtre ? Ah ! si vous étiez tout à coup, par un miracle, un homme d'État, un ambassadeur, un grand poète, un grand peintre...

— Je ne suis, hélas ! rien de tout cela, dit le valseur avec amertume.

Il aimait follement Laure, il ne se croyait pas à une si grande distance de l'idéal de la jeune fille.

— Encore, lui dit-elle avec un soupir, si vous aviez une écurie et un *four in hands !*

— Qu'à cela ne tienne, s'écria Arthur en lui saisissant la main. Vous savez que j'ai quelque fortune; dès demain j'aurai une écurie, coûte que coûte. Où la voulez-vous !

— A Chantilly, pour le plus beau *rally-papers* d'outre-Manche.

II

Ce qui fut dit fut fait.

Autrefois, les jeunes filles rêvaient un château gothique au bord d'un lac ou d'un étang, un hôtel aux Champs-Élysées, un palais d'été à Deauville; aujourd'hui, grâce au progrès des lumières, leur rêve est une écurie.

Les hommes sont bien quelque chose pour elles, mais les chevaux ! Elles n'ont pourtant pas lu M. de Buffon ; mais leur journal officiel n'est-il pas le *Sport* ou le *Jockey?*

Arthur fit merveille, avec la rapidité d'une locomotive à toute vapeur. Le lendemain, il avait acheté au plus célèbre sportsman les plus illustres chevaux. La moitié de sa fortune y passa, mais il pouvait dire, non pas comme le sultan : « J'ai dans mon sérail Fatma, Java, Lama, Diva, Diana : toutes les sultanes en *a*, mais : J'ai dans mon écurie Labrador, Spectator, Gladiator, Chancellor : tous les chevaux en *or*. »

Huit jours après, *Spectator* gagnait un prix aux courses du printemps ; le nom d'Arthur Dupont était désormais un nom historique dans l'empire des turfistes et des hautes mondaines. Seulement, c'était toujours Arthur Dupont ! Laure, tout en le félicitant, lui dit avec une pointe de raillerie qui le perça au cœur :

— Pourquoi n'êtes-vous pas comte, comme M. de Lagrange ? *To be or not to be !*

— Qu'à cela ne tienne, murmura le triomphateur des courses, je vais demander cela au papé ; c'est une petite affaire de cent mille ; mes chevaux payeront mon titre.

Arthur ne s'était pas trompé de chiffre. Il fut, de par la cour de Rome, comte romain, ce qui est tout aussi bon que d'être comte français, quand on n'a rien fait pour cela.

Ce jour-là, Arthur demanda solennellement la main de très haute et très puissante damoiselle Laure de Montaignac.

Il se croyait déjà à la tête de la plus jolie femme de Paris. Ah bien ouï! la veille, il y avait eu des courses; un autre sportsman triomphait; celui-là était marquis, celui-là descendait de l'Œil-de-Bœuf...

Si bien que, le dimanche suivant, le curé de Sainte-Clotilde annonça au prône qu'il y avait promesse de mariage entre M. le marquis de N'importe-quoi et Mlle Laure de Montaignac.

III

Un coup d'éventail avait ruiné Arthur.

Dans l'enivrement de son cœur, il avait tout sacrifié à cette belle impertinente. Il ne put se consoler dans cette écurie qui devait être leur chaumière et leur palais.

Le jeudi, il y eut encore des courses ; Arthur fut battu.

Il voyait tomber à la fois ses illusions d'amoureux et de sportsman. Il avait rêvé la grande vie : il lui fallait donc tomber dans la vie des décavés ? Sa noblesse de cœur se révolta. A quoi lui servirait son brevet de comte romain, à lui qui ne pourrait plus faire figure dans le monde ?

Déjà on lui avait dit : « C'est un brevet d'invention. »

Quand il fut rentré dans son écurie, un peu abandonné de ses amis, parieurs désabusés, et maudit par les bookmakers qui avaient eu foi en lui, il s'arma d'un revolver pour casser la tête au cheval qui l'avait trahi.

Mais le cheval penchait vers lui sa noble tête, comme pour appeler ses caresses...

Il l'embrassa ; et, retournant vers lui le revolver déjà braqué sur la bête, il se cassa la tête à lui-même.

Il survécut quelques instants, tout juste assez pour dire à un de ses amis :

— Si tu m'aimes bien, coupe ma tête et porte-la sur un plat d'argent à cette Célimène d'écurie, à cette Salomé, plus cruelle que la fille d'Hérodiade.

IV

Il expira sur ces mots. Ce fut un vrai chagrin parmi ses amis, car c'était un des plus braves cœurs de la nouvelle génération : toujours gai, spirituel avant son malheur, c'est-à-dire avant sa passion, — avant son écurie.

L'ami d'Arthur connaissait Mlle de Montaignac; il était si indigné du jeu qu'elle avait joué, il était si désolé de ce tragique dénouement, qu'il n'hésita pas à aller chez la grande coquette des sportsmen, non pas avec la tête de son ami sur un plat d'argent; mais avec toutes les colères comprimées d'un galant homme. On fit quelques façons pour le recevoir.

Enfin, malgré les préparatifs de la noce, il

pénétra dans le petit salon, presque dans le cabinet de toilette de Mlle de Montaignac. Aux premières paroles, elle se laissa tomber sur un fauteuil comme une femme qui s'évanouit; mais elle se remit bientôt.

— Votre ami, dit-elle en le prenant de haut, était un fou que j'ai voulu sauver de son néant. Il voulait jouer à la haute vie et n'y entendait rien du tout.

— Pardon, mademoiselle, qu'est-ce que la haute vie ?

— Vous le savez bien : c'est la mienne, c'est la vôtre. C'est le *High life*.

— Ah! oui, je comprends, c'est celle qui commence sur un break, qui se continue au pesage, qui s'épanouit au départ et à l'arrivée, qui enfin fait un tour de valse éperdue pour bien finir sa journée. J'oubliais : il y a aussi l'Opéra et le sermon comme hors-d'œuvre. Eh bien! mademoiselle, je suis revenu de cette vie-là, et ce n'est pas ma faute si mon pauvre ami s'y est jeté la tête la première, parce qu'il vous aimait.

— Il m'aimait ! Voilà un mot hors de saison.

Il m'aimait! mais tout le monde m'aime; je ne peux pas épouser tout le monde. D'ailleurs, vous savez bien qu'on n'aime plus.

— Ah! oui, vous voulez dire que c'était bon au temps de l'âge d'or ; mais aujourd'hui que nous sommes sous l'âge de l'or...

Mlle de Montaignac eut un mouvement de dépit, car elle épousait des millions.

— Enfin, monsieur, votre ami a fait une bêtise ! S'il lui faut une larme, je la lui donnerai ; mais, de grâce, brisons là.

Elle s'était levée ; l'ami d'Arthur se leva.

— Je comprends, mademoiselle, il y a des courses aujourd'hui. Seulement, je dois vous dire encore un mot : mon ami m'a nommé son exécuteur testamentaire ; voici le premier article de son testament :

« Tu porteras ma tête sur un plat d'argent à « Mlle Salomé de Montaignac. »

Laure fit semblant d'éclater de rire.

— Voilà qui est original et inattendu. Et que ferez-vous, monsieur ?

La voix de l'ambassadeur siffla comme un serpent.

— Je remplirai mon rôle d'exécuteur testamentaire.

Il sortit et salua avec des larmes et des lames dans les yeux.

V

Naturellement, la jolie valseuse d'Arthur ne retarda pas son mariage d'un jour.

Le surlendemain, Sainte-Clotilde retentit de tous les chants d'allégresse.

Les vingt duchesses étaient là pour s'amuser du spectacle : les reporters contèrent le menu et effeuillèrent, pour la curiosité des curieux, toutes les fleurs d'innocence de la mariée. Mais ce qu'ils ne dirent pas, je vais le dire :

Pendant la messe, une duchesse demanda à son sigisbée pourquoi Laure était si pâle et si émue, elle qui n'avait peur de rien : C'est que Mlle de Montaignac, jetant un rapide regard sur tous ceux qui étaient de la fête, avait reconnu Arthur Dupont, quoiqu'on l'eût enterré la veille.

C'était bien lui : cravate blanche, redingote noire, lorgnon dans l'œil, sourire sur les lèvres.

— C'est singulier, dit-elle, quand on a une image dans la tête, on l'a dans les yeux. Mais, un moment après, comme son fiancé lui présentait l'anneau nuptial, elle poussa un cri, car elle reconnut dans son fiancé Arthur Dupont.

C'était lui, toujours lui. Elle se détourna et laissa tomber l'anneau nuptial qu'il lui avait mis au doigt. — Vision! dit-elle en dominant son émotion.

En effet, la figure du mort avait disparu sous celle du vivant.

Laure eut une demi-heure de calme; mais, dans la sacristie, quand tout le monde vint la féliciter, elle vit passer dans le premier groupe de ses amis Arthur Dupont, plus enjoué que jamais. — Ah! dit-elle, c'est une obsession!

Après la messe, un lunch, avant que les époux prissent le train de Venise.

Comment se fit-il qu'au milieu des violettes

et des roses-thé, sur un surtout sculpté et ciselé par un maître anonyme, elle vit la tête d'Arthur Dupont?

Elle détourna les yeux ; une seconde fois elle vit ce visage exsangue, les yeux ouverts. Il semblait qu'il la regardât avec une désolation railleuse.

Elle ne put s'empêcher de dire à son mari :
— Voyez donc !

Mais elle ne vit plus que des roses-thé et des violettes.

Le soir, on coucha à Fontainebleau, où déjà les attendaient le valet de chambre et la femme de chambre.

On avait fait un grand feu dans une chambre à coucher, qui portait le nom de chambre nuptiale, parce qu'elle a abrité je ne sais combien de jeunes épousées. Ah ! les horribles chambres nuptiales que ces salles d'auberge que choisissent aujourd'hui les mariés de haut parage, ceux-là qui ont des hôtels et des châteaux !

Mlle de Montaignac se résigna à la mode, tout en regrettant son adorable cabinet de toilette, qui eût empêché Ève d'écouter le serpent. Elle se déshabilla lentement, comme une jeune fille qui fait tomber à ses pieds, une à une, deux par deux, toutes ses illusions.

Laure avait oublié les visions funèbres quand, tout à coup, elle entendit marcher derrière elle. La chambre était dans le demi-jour; elle se retourna.

— Ah! s'écria-t-elle avec terreur.

C'était Arthur, toujours Arthur; il venait, souriant, une fleur d'oranger à sa boutonnière.

Laure s'était jetée de côté, plus morte que vive; mais le mort souriait toujours.

Il remua les lèvres, mais il ne parla point.

La mariée, dans l'épouvante, avait mis ses mains sur ses yeux. Quand elle les rouvrit, elle reconnut que ce n'était plus Arthur. Son mari lui prit doucement la main et l'appuya sur son cœur. « Ah! j'ai peur, j'ai peur, dit-elle. »

Les bougies s'éteignirent. La femme de chambre, l'oreille à la porte, entendit, par intermittences, ces paroles de terreur passionnée : « O mon ami, aimez-moi toujours, reprenez-moi dans vos bras ! »

Mlle de Montaignac ne voulut pas s'appeler Mme Dupont, mais celle de ses amies qui m'a conté l'histoire m'a dit en riant : « Arthur lui apparait si souvent la nuit que son premier enfant sera un Dupont ! »

JANINA

II

JANINA.

I

La scène se passe au beau milieu du tout-Paris, boulevard Malesherbes, dans un somptueux appartement.

Madame s'ennuie dans sa chambre à coucher et s'impatiente en voyant la pendule, qui lui semble marcher à rebours. Elle caresse son beau lévrier et regarde par la fenêtre. Mais il ne vient pas !

Heureusement elle entend résonner le timbre. « Oh ! qui que tu sois, j'attends ! »

Et, pour commencer, qu'est-ce que Madame? C'est une jolie jeune femme qui soupire sur trois années de mariage. Son mari est charmant, quand il est là, — mais il n'est jamais là ! — Pourquoi ? puisque sa femme est charmante. Une douce pâleur, légèrement bistrée sous les yeux ; des lèvres rouges qui ne sont pas peintes et qui ont faim ; la passion les agite, comme les ailes du nez, qui est d'un millimètre trop court, mais qui est bien dessiné. Les lèvres, qui ne se touchent pas tout à fait, permettent de voir, comme dans un écrin, des dents qui voudraient mordre. Le menton s'accuse un peu trop ; mais quelle adorable volupté dans les ondulations du cou, sous les vagues rebelles des cheveux noirs !

Si nous étions au bal, nous en verrions bien d'autres ; je pourrais peindre tout à loisir — puisque je le verrais — le sein provocant de Janina, c'est le nom de la jeune mariée ; — je pourrais peindre les épaules et les bras dans toute la volupté de leur frémissement, brûlés par les flammes vives de la valse. Mais, Janina étant chez elle et non chez les autres, je ne veux pas être indiscret.

Cependant, le valet de chambre annonce Mme Hamilton, une Américaine francisée qui court le monde parisien à toute vapeur.

Elle n'a pas une seconde à elle, tant elle est à ses bonnes œuvres. Elle se jetterait au feu pour faire le bien, si elle avait le temps. Ses bonnes œuvres sont de plus d'une sorte. Curieuse comme Ève, elle veut être de tout; prenant sa part des chagrins comme sa part des joies, elle brouille les amoureux, sauf à les raccommoder. Elle ne permet pas qu'on fasse rien sans elle. Celle-là n'est pas jolie; voilà pourquoi sa vie est si occupée — pour les autres.

Elle entre chez Janina comme une petite bourrasque.

— Ah! ma chère amie, tu ne sais pas ce qui m'arrive ?... Mais que vois-je ?... tu as pleuré !... Es-tu folle de ne pas prendre gaiement la vie, dans une si jolie chambre à coucher!

Cette chambre à coucher était tendue de

peluche bleue, piquée de broderies Louis XIII.
L'ameublement contrastait, puisque c'était du
pur Louis XVI, en bois laqué blanc, filets rose
tendre ou bleu de ciel, dans le ton du plafond
légèrement azuré et semé de nuages touchés
par l'aurore.

Mme Hamilton embrassa Janina.

— Comment, mamour, tu t'ennuies ici? Ah!
si j'avais comme toi ce beau lit estradé à bal-
daquin, cette armoire à trois battants où tu
peux te voir trois fois dans ses glaces biseau-
tées. Et ce secrétaire pour écrire de ton style à
la Sévigné. Et ce chiffonnier pour cacher tes
lettres. Heureuse femme!

Janina soupira.

— Ah! oui, c'est un paradis. Mais, dans ce
beau lit, il manque un homme. Si je me mire
dans ces trois glaces, c'est pour voir mon chagrin. Ce secrétaire ne me sert qu'à écrire à moi-
même des pages folles que je cache bien vite
dans ce chiffonnier. Mais je n'ai peur de rien, j'ai
pleuré toutes mes larmes et je me vengerai...

— Voyons, voyons, ma Janina... Un million
de dot! une figure d'ange! Et ton mari te

trompe ; mais n'es-tu pas vengée en pensant qu'il te trompe avec une drôlesse sans orthographe, celle qu'on appelle *la Faramineuse.*

— Hélas! à quoi me sert-il de savoir la grammaire, si ce n'est à conjuger le verbe *je souffre* à tous les temps.

— Ne te désole pas, nous arrangerons cela.

Un silence.

— Que veux-tu que je fasse? J'ai tout tenté pour reconquérir Fernand. Il est affolé par cette fille. Ah! quel est donc son secret pour l'enchaîner ainsi?

— L'amour n'a pas de secret ; c'est l'amour, voilà tout.

— Et quand on pense qu'on a supprimé les lettres de cachet! Ah! si j'étais roi, comme j'enverrais toutes ces coquines à Saint-Lazare.

— Il est vrai qu'il n'y a plus de place!

Encore un silence!

Tout d'un coup, Mme Hamilton bondit sur son fauteuil comme la pythonisse sur son trépied.

— *Euréka!* pour dire un mot grec en latin.

— Tu as trouvé?

— Oui. Dans les naufrages, il faut tout risquer. Puisque c'est ici le naufrage de ton bonheur, mets les chaloupes à la mer.

— Pourquoi ces métaphores hors de propos ?

— C'est que je lis des romans. Écoute bien Tu vas aller de ce pas à l'hôtel du Louvre, où il n'y a jamais de Parisiens, car ce n'est pas comme au Grand-Hôtel. Tu écriras à la Faramineuse, — on dit qu'elle s'appelle Caroline Bertin. — Tu la prieras de venir te trouver pour une affaire qui l'intéresse. N'oublie pas de signer ta lettre : princesse Pacinska, ou Pacinskoff.

— Eh bien ! quand j'aurai cette fille sous la main ?

— Je sais bien que tu auras envie de la mettre en pièces. Mais il faudra que tu aies le courage de lui sourire...

A cet instant, le valet de chambre annonça la comtesse d'Oriac, une femme austère, qui ne riait plus, peut-être parce qu'elle avait trop ri. Sur quoi, Mme Hamilton salua et s'éloigna en toute hâte.

— Pardonnez-moi, madame, dit Janina à la

nouvelle venue, je cours après cette folle, car j'ai un mot à lui dire.

La jeune mariée rejoignit Mme Hamilton, qui lui dit en quelques mots ce qu'elle devait faire à l'hôtel du Louvre.

— Tu es toquée, dit Janina en éclatant de rire pour cacher ses larmes.

II

Ce qui n'empêcha pas Janina d'aller à l'hôtel du Louvre.

C'est là que se passe la seconde scène, dans une de ces chambres bien numérotées qui font la joie d'une étrangère et qui feraient le désespoir d'une Parisienne.

Elle avait écrit à la Faramineuse, par la main de Mme Hamilton.

Il n'y avait pas une heure qu'elle attendait, quand Caroline Bertin, qui ce jour-là n'avait rien à faire, vint en personne pour répondre à la lettre d'appel, inquiétée d'ailleurs par ce singulier autographe.

Dès que la jeune femme entendit frapper, elle noua un double voile. Elle ouvrit et se mit à contre-jour pour parler à Caroline Bertin.

— Mademoiselle, j'arrive de Russie. Je sais que vous êtes à la mode et je ne m'en étonne point en vous voyant. Vous faites la pluie et le beau temps dans les régions de la galanterie. Voulez-vous que je vous donne dix mille francs pour...

— Donnez toujours, princesse, nous verrons après.

C'est que le mari de Janina n'était pas si généreux. Il fallait lui arracher les billets de cinq cents francs.

La jeune mariée déploya dix billets de mille francs comme si elle eût déployé son éventail. La Faramineuse les saisit avec ivresse.

— Tout ce qu'il vous plaira, madame.

Caroline Bertin s'attendait à recevoir une déclaration à bout pourtant.

— Mademoiselle, je sais votre vie intime. Vous avez pour amant le vicomte de***, qui a été le mien. Je veux le voir sans l'avertir. Faites-moi le sacrifice de m'ouvrir pour cette nuit votre chambre à coucher, où vous ne serez pas.

— De tout mon cœur, princesse.

— A quelle heure rentre votre amant?

— Il vient toujours à minuit et demi.

— Eh bien ! je serai là avant minuit.

Disposez tout pour que la comédie soit bien jouée ; je donnerai cinq cents francs à votre femme de chambre. Naturellement, il n'y aura pas une bougie allumée ; il n'y aura pas même une bougie dans la chambre à coucher, car je ne veux pas être reconnue.

Caroline Bertin était silencieuse. Elle ne voulait pas rendre les dix mille francs, mais elle ne voulait pas perdre le vicomte. Enfin, une idée folle lui passant pas l'esprit, elle parut se résigner.

— Soyez tranquille, princesse. J'ai une petite gueuse de femme de chambre qui est trop futée pour faire une bêtise... Donnez-moi toujours les cinq cents francs... Ça lui donnera du cœur à l'ouvrage.

Naturellement, elle trouvait que ce serait de la folie de donner plus de cinq louis à une femme de chambre.

Janina, qui déjà n'avait pas une haute estime pour la Faramineuse, lui donne cinq cents francs sous un regard de pitié.

— Donc, à minuit, dit-elle.

Caroline Bertin tendit la main à Janina, qui ne daigna pas comprendre; la jeune femme voulait bien qu'on lui tendît la main pour recevoir de l'argent, mais non pour serrer la sienne.

En descendant le grand escalier de l'hôtel du Louvre, la courtisane rencontra le prince Rio.

— D'où viens-tu, Caroline ?

La Faramineuse prit un air mystérieux pour conter l'histoire au prince.

— Voilà un mari heureux! s'écria-t-il en riant.

— Prince, vous avez votre coupé, mettez-moi à ma porte pour causer un peu.

Que se dirent-ils ?

Cependant la pseudo-princesse éclatait en sanglots.

Est-il possible que je vais jouer cette comédie ? Oh! non, je ne la jouerai pas.

Elle s'offensa de toute sa dignité.

— Et pourtant, comme je serais heureuse de

dire demain à mon mari : « Comment avez-vous passé la nuit ? »

Affolée par sa passion, la téméraire jeune femme était capable de tout, hormis de trahir Fernand. Elle se disait que peut-être Mme Hamilton avait raison et qu'il fallait tout risquer pour ne pas tout perdre. Qui sait s'il ne voudrait pas recommencer toujours cette nuit-là?

III

Jusqu'à onze heures, Janina, comme un roseau au vent, s'inclinait tour à tour sous la volonté et l'indécision, se disant : « Je n'irai pas, » quand elle était décidée à tenter l'aventure; se disant: « J'irai, » quand elle avait renoncé à tout.

Ce qui la décida, coûte que coûte, vaille que vaille, c'est que son mari ne rentra pas pour dîner. Il lui écrivit un mot qui la glaça.

Comme il aspirait à un secrétariat d'ambassade, il lui parlait du ministre.

— Encore un mensonge ! dit-elle en jetant

la lettre au feu. Le ministre, c'est sa maîtresse ; eh bien ! je serai son ministre, moi !

La Faramineuse demeurait rue Royale, dans un petit appartement qui était une première station vers les splendeurs de la vie de courtisane. Jusque-là elle avait eu plus de dettes que de rentes sur l'État. Son capital se composait de cinquante mille francs de diamants, d'un mobilier de toutes les paroisses et d'un tempérament de soupeuse. Pas une obole de plus !

Janina fut presque surprise de trouver cet intérieur quelque peu mélancolique.

— Comment, murmura-t-elle en entrant, il se plaît mieux sur ce fumier que dans mon nid de dentelles !

Elle jeta ses yeux partout, avec la curiosité d'une grande dame chez une courtisane. Elle commença par déchirer une photographie de son mari, à la glace de la cheminée. Presque aussitôt, en feuilletant un roman de cuisinière, elle trouva comme signet une autre photographie. On pourrait croire que c'était celle de M. Alphonse, placée à la bonne page. Pas du tout. C'était le portrait d'un prince Rio, qui aime toutes les compagnies — même les mauvaises.

La Faramineuse se servait de cette photographie en guise de coupe-papier.

Janina reconnut le prince. Elle le rencontrait dans le monde. Elle constata une fois de plus qu'il ressemblait à son mari.

Cependant, l'heure allait sonner. La jeune femme, de plus en plus pâle, entendait battre son cœur. Il lui semblait qu'elle allait mourir. Elle tomba agenouillée et demanda pardon à Dieu.

Quand elle se releva, le hasard la mit en présence d'une bouteille de fine champagne. Pour se donner du courage, elle fit comme ces comédiennes qui ont peur à leur entrée en scène : elle but à pleine volée.

Je ne sais si le courage lui vint plus tard, mais la fine champagne ne l'empêcha pas de s'écrier :

— Quoi ! c'est moi, moi Janina de R., qui vais me mettre dans ce lit !

Elle avait reconnu, d'ailleurs, que la Faramineuse lui avait donné luxe du beau linge. Caroline Bertin, en la quittant, avait acheté au Louvre une magnifique paire de draps brodés au plumetis avec une couronne de princesse.

Ce n'était pas une vaine dépense : cela lui servirait pour les grands jours. Mais au moins la princesse en aurait la virginité !

A peine déshabillée, Janina s'écria : « Jamais ! » Un peu plus, elle remettait sa robe.

Mais elle entendit du bruit. Il fallait franchir le Rubicon.

Elle éteignit les deux bougies du candélabre, elle les jeta dans la cheminée et se nicha dans le lit, où elle fit semblant de dormir.

La Faramineuse lui avait dit que son amant la surprenait toujours endormie.

La porte s'ouvrit.

— Lui ! murmura Janina. O mon Dieu, faites-nous mourir tous les deux.

A ce moment, la femme de chambre répétait encore au nouveau venu sa leçon — bien apprise.

IV

Ici, les documents font absolument défaut à l'historien. Ce qu'il sait bien, c'est ceci :

Le lendemain, bien avant l'aurore, Janina s'envola comme un oiseau qui ne bat que d'une aile ; ou plutôt, pour parler en prose, elle s'habilla en toute hâte vers quatre heures du matin, l'heure où elle savait que son mari s'échappait des bras de la Faramineuse. Sa longue pelisse cachait sa tête comme son corps, mais elle ne se trouvait pas encore assez cachée pour sortir de chez une fille et pour rentrer chez une honnête femme !

Rentra-t-elle chez une honnête femme ?

Fut-elle vraiment bien surprise quand sa fille de chambre lui dit, tout ébahie de la voir rentrer si tard sans être en toilette de bal :

— *Madame sait-elle que Monsieur est revenu de très bonne heure avec une fièvre de cheval ?*

Fut-ce pour Janina le *Mané, Thécel, Pharès* venant la surprendre dans l'enivrement de son triomphe,— ou de sa défaite ? Savait-elle, à ce moment, que le beau prince entrevu en photographie dans le vulgaire roman que lisait la Faramineuse avait pris — nouveau Jupiter — les plumes et le nid d'Amphitryon ?

Je ne sais par quelle indiscrétion l'histoire courut vaguement, sans toutefois qu'on arrachât les masques. Ce qui est certain, c'est qu'une amie de la Faramineuse lui dit un jour : « On prétend que tu as touché dix mille francs pour rapatrier une femme avec son mari.

— Ma chère amie, j'ai touché quinze mille francs : dix mille francs de la dame, et cinq mille francs du prince.

— C'était donc un prince ? ». La Faramineuse se mordit les lèvres.

Ste Thérèse a dit : « Nous avons dans le cœur la source des larmes qui lavent nos péchés. » Janina qui avait tant pleuré, pleura encore.

Son mari ne retourna pas chez la Faramineuse. — Ni elle non plus.

LE
HUITIÈME PÉCHÉ CAPITAL

La science, c'est l'éventail et non le livre.

III

LE HUITIÈME PÉCHÉ CAPITAL

I

C'était la plus invraisemblable des extravagantes héraldiques.

Il l'aimait jusqu'au ciel. Il l'aimait jusqu'aux abîmes. C'était l'âme de son âme, la chair de sa chair, la vie de sa vie.

Dès qu'elle n'était plus sous sa main ou sous ses yeux, tout s'arrêtait en lui, le mouvement de l'idée et le battement du cœur. Il se croyait dans un Sahara sans oasis, il ne respirait plus que du feu. Et pourquoi l'aimait-il ?

Elle n'était ni belle ni jolie; pas même la beauté du diable; mais elle avait du diable — je ne sais quoi de la perversité des filles d'Ève qui donne le vertige à ceux que l'amour affole. Et puis elle avait des yeux ! Ces yeux pers, profonds comme la mer, entraînants comme la vague, éclatants comme la tempête. Et puis, elle avait des lèvres rouges, des framboises parfumées qui riaient sur ses dents aiguës. Et puis, elle avait un sein provoquant, qui donnait à sa désinvolture je ne sais quoi de batailleur et de va-de-l'avant.

Quand il voyait ce sein, il tombait agenouillé et demandait à Angèle la grâce d'y cueillir des fraises, expression que j'abandonne aux lettrés de l'avenir.

Si toutes celles qui ne sont ni belles ni jolies n'étaient pas aimées, ce serait un désastre sur la terre, qui ne vit que par l'amour.

Mais de qui parlons-nous ?

J'oubliais. Nous parlons de monsieur et de madame Falbert, deux jeunes mariés qui filent les derniers jours de leur lune de miel.

Je ne dresserai pas l'arbre généalogique des Falbert, non plus que celui des Aymar, quoique tout le monde descende d'Adam et Ève, c'est-à-dire que les hommes sont toujours plus ou moins trompés par les femmes. Voilà la vraie noblesse héréditaire, puisque c'est la noblesse des passions.

Léonce Falbert, licencié en droit, s'était marié à la veille de plaider sa première cause. S'il s'était marié, ce n'était pas dans la préoccupation d'avoir beaucoup d'enfants, mais parce qu'il avait rencontré dans une petite fête mondaine Mlle d'Aymar, qui prenait tous les cœurs au cotillon. Il n'y fit pas trop le chevalier de la triste figure. Il soupa à côté d'elle, il la cajola par toutes les caresses de la causerie et des œillades, si bien que Mme Agnès dit à sa fille, quelques jours après :

— Sais-tu pourquoi tu es distraite ? C'est parce que tu penses à M. Léonce Falbert.

— Pas du tout, maman.

— Alors, s'il demandait ta main, tu lui dirais de repasser?

— Non, je lui dirais oui.

— Et pourquoi épouserais-tu plutôt qu'un autre M. Léonce Falbert?

— Par curiosité.

— Ah! je te reconnais bien là; tout ce que tu fais et tout ce que tu feras, curiosité, curiosité, curiosité!

— Mais, maman, un roman que j'ai lu malgré toi m'a dit l'autre jour qu'il fallait lire toutes les pages du livre de la vie.

— Ce roman, ma chère Angèle, ne parle pas comme un livre, mais comme un roman; car il est dit aussi que, si la vie n'était pas un mauvais livre, on ne s'y amuserait pas. J'espère que tu ne prends pas au sérieux toutes ces bêtises-là?

Mlle Angèle ne répondit pas, mais elle pensa que, si sa mère pensait ainsi, c'est qu'elle était revenue de ces « bêtises-là ».

Si Mme d'Aymar avait parlé à sa fille de Léonce Falbert, c'est que le matin même une amie était venue lui confier les espérances du futur avocat.

— Futur avocat! s'écrie la mère; ma fille rêve de tous les palais, excepté du Palais de Justice.

— Rassurez-vous, ma chère amie, M. Léonce Falbert n'est pas si bête que de se planter devant un mur mitoyen; il sera avocat stagiaire, mais ce sera le stage de la politique. Son père, qui est membre du conseil général de son pays, le fera passer député aux prochaines élections législatives.

— Quelle est son opinion?

— Il n'en a pas.

— Alors, je lui donne ma fille.

Vraie mère de famille! Elle comprenait qu'un homme politique qui n'a pas d'opinion doit arriver à tout, quel que soit le gouvernement. Outre que M. Léonce Falbert n'avait pas d'opinion, son père lui donnait vingt-cinq mille livres de rente. Mme d'Aymar en donnait à peu près autant à sa fille, si bien que les jeunes mariés pourraient faire bonne figure dans le monde du palais et de la politique.

Le mariage se fit à trois semaines de là. On se demanda comment Léonce, avec une si belle tête, avait pu s'amouracher d'un petit chafouin comme Angèle ; car elle eut beau balayer arrogamment l'église d'une belle traîne de dentelle, nul ne dit au passage : *La mariée est jolie.* Seuls, les charnels, les lascifs, les libertins louèrent la coupe de son sein. « Cette belle coupe renversée, » disent les poètes. Les poètes disent encore : « Un sein abondant. » Là, il eût fallu dire surabondant. Aussi les mères des filles anémiques disaient-elles tout haut : « C'est scandaleux ; je ne permettrais pas à ma fille de pareilles avant-scènes. »

II.

Cependant le marié entraîna la mariée, pour la nuit des noces, dans une villa de son département, qui avait reçu les plus beaux décors pour cette première représentation.

Angèle n'eut pas besoin que les matrones vinssent à la rescousse pour la décider à franchir le seuil de la chambre nuptiale. Tout est entraînant pour une curieuse.

Par malheur pour Léonce, ce n'était pas l'amour qui la prenait par la main. Aussi, ce fut avec un éclat de rire et non avec des larmes qu'elle passa le Rubicon.

Elle le repassa, toujours rieuse, se demandant ingénument pourquoi Léonce ne riait pas comme elle.

Mais il était si amoureux qu'elle lui pardonnait d'être un peu trop sacerdotal dans sa passion.

Le jeune licencié ne songeait pas à plaider d'autre cause que celle de son bonheur. Comme on avait manqué les derniers bals de juin et la fête du Grand Prix, Angèle voulut bien s'attarder dans sa villa, car on lui avait donné le nom de la Villa Angèle. Elle s'amusa à y jeter tout l'alliage du Louis XVI et du japonisme, ce qui émerveilla les voisins de campagne — par ouï-dire — puisqu'on vivait dans une maison fermée, avec quelques journaux, un peu de musique et beaucoup de primeurs. Tous les matins, Paris apportait des nouvelles, des fraises, des crevettes, des dentelles, des cerises et des chiffons.

Angèle était gourmande et coquette. Les femmes qui ne sont pas belles ont la fureur de se faire belles. Ce n'était pas pour son mari que la jeune femme travaillait sa figure, c'était pour elle-même.

Peu à peu la villa égaye ses portes, surtout quand il fut décidé qu'on y passerait la belle saison, grâce à quelques petites fêtes panachées de Parisiennes et de provinciales; Angèle trouvait amusant, je cite sa phrase, de faire une omelette aux fines herbes et aux petits oignons des femmes des Champs-Élysées et des femmes champenoises.

Mais, les jours de solitude, que faire dans une villa après les premières joies du nouveau et du renouveau ? Angèle se mit à écrire un roman, mais au centième feuillet elle brûla tout.

Cette dévorante toujours affamée de curiosité, avait percé son mari à jour; elle trouvait qu'il commençait à rabâcher ses sentiments. Elle avait d'abord voulu l'aimer en français, en latin et en grec, mais il était à bout de science. Dans son culte pour Angèle, il faillit apprendre l'hébreu, après lui avoir conté toutes les passions de Paris, de Rome et d'Athènes. N'allez pas croire que ce fût un perverti. C'était un idéaliste parcourant toute la gamme de l'adoration.

Autrefois, les grandes passions duraient toujours; témoin Philémon et Baucis, pour ne donner qu'un exemple. Aujourd'hui, la vapeur emporte tout. Léonce eut peur, par les airs distraits de sa femme, de la voir bientôt s'ennuyer dans le tête-à-tête ou de devenir bas-bleu. Il fut le premier à lui conseiller de voir quelques voisins de campagne.

— Mais, mon cher Léonce, qui voir dans ce pays perdu?

— M. le curé.

— Oui, s'il veut que je le confesse.

— Le notaire.

— Peut-être, j'ai songé à faire mon testament.

— Le percepteur des contributions.

— Oui, je l'ai vu l'autre jour à la messe avec son jeune frère, le sous-lieutenant de chasseurs, qu'il faut inviter aussi.

— Nous l'inviterons.

— Vous choisissez bien votre monde, vous allez être jaloux, n'est-ce pas, monsieur mon mari, du notaire, du percepteur et du curé ?

— Jaloux ! s'écria le mari. Grâce à Dieu, vous êtes de celles qui commandent le respect.

— Vous croyez ?

Il faudrait une grande actrice pour bien dire ce mot comme le dit la jeune femme ; mais le mari ne comprit pas.

III

Quelques jours après, Mme Léonce Falbert recevait à dîner, dans son incomparable salle à manger des champs, le curé, le notaire, le percepteur et le sous-lieutenant.

Elle s'étonna d'abord de trouver que ces gens-là n'étaient pas beaucoup plus bêtes que les Parisiens. Il est vrai que le curé avait étudié au séminaire de Saint-Sulpice, le notaire dans une étude de Paris et le percepteur — c'était bien mieux — était né rue Richelieu et avait fait son stage au ministère des finances. Je ne parle pas du sous-lieutenant, qui portait bien sa tête et son sabre.

On dîna donc gaiement. Angèle trouva que le notaire n'était pas trop timbré et que le percepteur nouait galamment sa cravate blanche. Le curé n'avait pas trop prêché, parce qu'il buvait doctement. Le sous-lieutenant se grisa.

Quant tout le monde fut parti :

— Eh bien! Angèle, je suis enchanté de tous les quatre; recommencerons-nous?

— Toutes les semaines.

Ce fut avec le curé que le notaire fit la visite « de bonne digestion ». Le percepteur vint tout seul.

Tout justement Léonce venait de partir pour Paris. Aussi Angèle retint-elle le visiteur pendant toute une heure. Était-ce pour lui ou pour son frère?

Ce magistrat de la côte personnelle était un gamin de Paris qui cassait les vitres sans savoir s'il les payerait. Il ne doutait de rien et s'aventurait en tout. La jeune femme, déjà ennuyée, éprouva un vif plaisir à ce jabotage à la diable.

Le percepteur avait vu tout de suite qu'on pouvait se risquer à « la blague » avec cette gentille diablesse. Il fut éblouissant contre tout attente, non pas qu'il ne répandît beaucoup de similor dans la causerie, mais, loin de Paris, c'était encore de la vraie monnaie.

Quand il s'en alla, Angèle sentit le froid tomber autour d'elle.

Mais, par bonheur, le sous-lieutenant parut à son tour et commença le siège de cette jeune vertu. Angèle lui fit comprendre qu'il ne la prendrait pas d'assaut. Mais elle lui avoua qu'elle aimait à voir les travaux du siège.

Revint Léonce, plus passionné que jamais. Tout un jour sans voir sa femme ! Il la trouva plus distraite que la veille.

— Angèle, tu ne m'aimes pas ?

Il se jeta à ses pieds et lui montra deux larmes.

Mais ce n'étaient que deux larmes de mari.

C'est là pour elle le malheur de ceux qui ne sont pas aimés de s'acharner à leur proie et de vouloir vaincre la nature rebelle. Léonce s'acharna à cette œuvre maudite, parce qu'il souffrait horriblement.

— Je veux la vie ou la mort ! disait-il, se traînant toujours aux pieds d'Angèle, dans la pâleur d'un condamné qui attend son recours en grâce.

Obsédée de tant de caresses qui ne portaient pas, de tant de paroles qui ne parlaient pas au cœur, Angèle dit à Léonce :

— Eh bien ! non, je ne t'aime pas !

IV

Ce fut comme un coup de couteau. Il sembla à Léonce qu'une lame froide lui perçait le cœur.

Il foudroya sa femme d'un regard et courut éperdument à travers le parc, déchiré par toutes les bêtes féroces du désespoir.

Il maudissait cette femme adorée, mais en même temps il s'avouait qu'il ne pourrait pas vivre sans elle.

L'amour est lâche. Léonce retourna dans le petit salon, où Angèle feuilletait un roman, calme et souriante comme toujours.

— Angèle, je t'aime! Dis-moi, tu n'as pas voulu me tuer par tes odieuses paroles?

— Mon cher, vous êtes fou! Ne faudrait-il pas toujours chanter la même chanson? Pour Dieu! laissez-moi respirer.

Il lui arracha le livre des mains.

— Le roman n'est pas là, lui dit-il.

Mais elle se leva furieuse et ressaisit les pages à moitié déchirées.

Il n'y avait plus rien à dire. Léonce alla pleurer tout seul dans son cabinet de travail, se demandant si c'en était fait de son rêve et de lui-même.

Il ne revit sa femme qu'au dîner, où il hasarda ces mots :

— Si vous vous ennuyez ici, Angèle...

— Pas du tout. Si vous vous ennuyez vous-même, vous pouvez retourner à Paris pour vos affaires...

— Mes affaires! je n'en ai qu'une, celle de vivre pour vous et avec vous.

— Eh! mon Dieu, nous ne faisons pas autre chose depuis trois mois. Je sens que les feuilles me poussent aux mains et les racines aux pieds.

On ne dit pas un mot de plus.

Dans les grandes phases de la vie, il faut toujours un confident. Léonce n'avait là qui que ce fût à qui ouvrir son cœur. Le lendemain, il repartit pour Paris, ne sachant d'ailleurs pas bien pour quoi faire, mais fuyant la solitude, cette implacable ennemie de ceux qui souffrent par le cœur. A Paris, il trouva un ami.

— Pourquoi cette pâleur, Léonce ?

— Ah ! si tu savais comme je suis malheureux.

Et le jeune marié conta, une à une, toutes ses tortures.

Il ne montra sa blessure ni à sa sœur ni à sa mère.

— Tu es toujours bien heureux, Léonce.

— Oh ! oui, bien heureux, ma mère.

V

Il revint le soir.

Il était onze heures ; il passa par la petite porte du parc, pour ne pas réveiller les gens ; il fut très surpris de voir de la lumière à la fenêtre du petit salon.

Angèle, qui était une dormeuse, n'était donc pas encore couchée ?

Il ne fallut à Léonce que quelques secondes pour être devant la fenêtre.

Que vit-il ? La dernière page de son bonheur !

Angèle enveloppait dans sa chevelure dénouée la figure du jeune sous-lieutenant.

Léonce jugea qu'il n'avait qu'une chose à faire : c'était de laisser cet homme et cette femme à leur folie. Il prit le train de minuit, jurant de ne plus jamais revoir ce pays, deux fois cher jusque-là.

VI

Ce fut Angèle qui courut à Paris le lendemain.

Comme son jeu était joué avec le sous-lieutenant, elle apparut toute charmante à la porte du petit appartement de Léonce.

Elle fut effrayée de sa pâleur et de sa désolation.

Aussi prit-elle sa voix féline :

— Eh bien ! je m'ennuyais, me voilà.

Qui le croira ? Vous le croirez. Le mari laissa

tomber aux pieds de la femme toutes ses jalousies et toutes ses douleurs.

— Je sais tout, lui dit-il ; vous êtes infâme, je devrais vous tuer, mais je vous aime : nous partirons ce soir pour l'Italie.

— Oh ! l'Italie ! c'est mon rêve !

Elle embrassa dix fois son mari.

— Si tu savais comment je t'aime !

Il fut terrible :

— Ne dénouez pas vos cheveux, lui dit-il d'une voix qui sifflait.

Et, après un soupir et un silence glacial :

— J'ai une question à vous faire, Angèle, vous y répondrez en toute liberté de conscience.

— Oui, mon Léonce.

— Pourquoi m'avez-vous trahi ?

Angèle ne répondit pas.

— C'est par amour naturellement.

— Non.

— Eh bien ! pourquoi m'avez-vous trahi ?

En toute liberté de conscience, Angèle répondit :

— Par curiosité !

VII

J'avais dit : La femme est la quatrième vertu théologale, mais c'est le huitième péché capital.

Le huitième péché capital, c'est LA CURIOSITÉ.

LE

STOÏCISME D'UNE PARISIENNE

OU COMMENT IL FAUT LIRE UN ROMAN

IV

LE STOÏCISME D'UNE PARISIENNE

OU COMMENT IL FAUT LIRE UN ROMAN

I

Je ne lis pas de romans parce que j'en fais. Ou plutôt je lis sans cesse le roman toujours ouvert qui s'appelle Paris. Voilà le roman des romans, mais encore faut-il savoir le lire.

Quelques romanciers en chambre se torturent l'esprit pour inventer des chapitres vraisemblables. Plus d'un dépense beaucoup de talent à faire verser des larmes aux personnages de son imagination, sans se douter qu'en regardant par la fenêtre il verrait des scènes bien plus émouvantes.

Le tout-Paris déborde au Café des Ambassadeurs par les beaux jours, avec le même entrain qu'à la foire de Neuilly. Quand je dis le *tout-Paris*, pour me servir d'un mot consacré, je devrais dire aussi le tout-Pontoise, car il y a là, comme ailleurs, les acteurs et les spectateurs, ceux qui aiment à entrer en scène et ceux qui aiment à regarder la comédie sans y rien comprendre, ce qui rappelle le mot d'une provinciale au Conservatoire, en pleine symphonie : « Quand ça commencera-t-il ? »

La comédie, il n'est pas de jour qu'on ne la donne au Café des Ambassadeurs : comédie imprévue, comédie bouffonne, mais aussi tragi-comédie. Quand on entre là, on n'est pas bien sûr de n'y trouver une aventure ou un duel.

J'y dîne çà et là en gaie et docte compagnie : avec Albéric Second, Carolus Duran, Camille Rogier, Monjoyeux, Coupvent des Bois, Du Sommerard, Du Boisgobey — et quelques princesses égarées. — Il m'arrive d'y dîner tout seul, presque toujours dans le jardin sous les grands ormes plantés par le duc d'Antin, devant le parterre de fleurs en vue de la fontaine jaillissante. Ce sont là des apéritifs inappréciables.

C'est surtout quand je dîne seul, étudiant mes voisins et mes voisines, que je lis le roman parisien. Chaque petite table pourrait fournir un chapitre.

II

Un soir que j'étais arrivé tard, j'eus toutes les peines du monde à trouver un coin presqu'en dehors des limites, si bien que les promeneurs des Champs-Élysées m'effleuraient en passant.

Un de mes amis, beau pourfendeur de

moulins à vent, Parisien de Madrid, car il y a
là des Parisiens de tous les pays, m'avait offert
une place à sa table, mais il était en trop bonne
fortune et je le remerciai en saluant sa Dulci-
née. C'était la première fois que je voyais cette
dame. Je m'aperçus bientôt qu'on la regardait
beaucoup, parce que c'était une nouvelle venue,
aussi ne se sentait-elle pas bien chez elle à
cette table pourtant hospitalière, égayée par
une bouteille de vin de Champagne dans un seau
tout perlé de glace, ce qui n'empêchait pas une
bouteille de Château-Laffitte, datée de 1865, de
faire bonne figure, sans parler des crevettes et
des radis, qui sont comme le sourire rose d'un
bon dîner.

La dîneuse était fort jolie, beauté expressive
et parlante sous son chapeau-ombrelle, cette
féerique création de la mode pour le minois
parisien.

A première vue, cette jeune femme paraissait
s'amuser à cette petite fête plus ou moins intime; mais pour quiconque la regardait bien,
l'inquiétude prenait son cœur.

Elle semblait enchantée d'être là, comme tant

d'autres qui s'y déploient en queue de paon, mais elle aurait bien voulu être ailleurs. Elle semblait craindre les œillades qui la dévisageaient, ce qui lui donnait plus de charme encore.

— Eugénie, vous ne m'écoutez pas ! lui cria l'Espagnol.

Elle était distraite et n'appréciait pas tout l'esprit de son compagnon d'aventure. C'était bien dommage.

III

Le dîner touchait à sa fin. Je fumais ma dernière cigarette, la dame buvait sa dernière coupe de vin de Champagne, l'Espagnol jetait dans le vide son dernier mot, quand je vis passer tout près de moi un homme et un enfant.

Cet homme, jeune encore, figure sévère, chapeau d'une autre saison, redingote râpée, paraissait appartenir à l'honorable corporation des travailleurs à la plume d'un ministère ou d'une banque.

Il y en a comme cela cent mille dans Paris, des héros du devoir quotidien, qui traînent la misère sans jamais lui jeter sur le dos la robe d'or de la fortune. Ils assistent à toutes les fêtes sans en être, vrais comparses à qui on ne sert que des festins illusoires.

Celui-ci promenait une petite fille de sept à huit ans, toute pâle, quelque peu attristée, mais qui prenait un vif plaisir à voir au passage tous les tableaux de la vie aux Champs-Élysées.

Elle s'était arrêtée devant les chevaux de bois, en demandant à son père de la mettre à califourchon sur le plus joli ; mais le père avait répondu de sa voix grave : « Pas aujourd'hui ! » Déjà il avait dit le même mot devant le petit carrosse des chèvres. Pareille réponse devant le cirque. Tout ce qu'il pouvait faire, c'était de payer les plaisirs qui ne coûtent rien. La petite fille, d'ailleurs, n'insistait pas : elle savait que son père était pauvre et qu'il lui fallait souvent se refuser le tramway, même les jours de pluie.

Elle sembla s'amuser à voir tant de gourmands et de gourmandes attablés à toutes ces petites tables si bien servies.

— Vois, papa, il y a aussi des enfants.

Le père soupira.

— Oui, dit-il en embrassant sa fille, mais ce n'est pas là notre cuisine.

Et comme l'enfant voulait s'attarder :

— Allons-nous-en, reprit-il, tu sais qu'il y a loin d'ici à l'île Saint-Louis.

Une soudaine émotion avait pâli la figure du père.

S'il voulait entraîner l'enfant, ce n'était pas parce qu'il y avait loin des Champs-Élysées à l'île Saint-Louis, c'est qu'il venait de voir la jeune femme qui dînait avec l'Espagnol.

On ne saurait peindre les sentiments qui passèrent dans ses yeux et sur ses lèvres. C'était la colère, l'indignation, l'amour trahi, la jalousie résignée.

Il ferma les yeux comme s'il rêvait. Deux larmes sillonnèrent ses joues. Ce fut à cet instant qu'un mot inattendu s'échappa des lèvres de la petite fille.

— Maman !

L'homme prit l'enfant dans ses bras pour étouffer ses sanglots. Que voulez-vous, ce n'était pas un stoïcien. C'était un pauvre mari qui venait de retrouver sa femme et qui n'avait pas le courage de comprimer son cœur.

Sa femme avait quitté la maison, son homme et son enfant depuis six mois. On ne s'était pas revu; on avait beaucoup pleuré à la maison; peut-être avait-on pleuré hors la maison.

Mille fois la petite fille avait demandé à son père si sa mère reviendrait le lendemain. Elle ne savait pas pourquoi elle était partie; mais, quoiqu'elle fût jeune encore, elle ne questionna pas son père quand elle vit sa mère attablée en face de l'Espagnol : les enfants comprennent tout.

IV

Le père s'était donc éloigné; mais à l'instant où la petite fille disait « maman! », la dîneuse ressentait un coup au cœur.

— Lui!

Ce n'était qu'une demi pervertie; elle se leva, cette mère, et courut à sa fille, sans s'inquiéter

de l'Espagnol, qui se demandait si elle était
folle. Le père n'était pas à dix pas de moi quand
la mère lui voulut prendre l'enfant dans les
bras.

— Marguerite, dit-elle toute égarée.

Mais le père gardait bien sa fille. Vainement
Marguerite voulut se jeter dans les bras de sa
mère, l'homme tenait l'enfant à distance.

— Madame, votre dîner refroidit, vous savez
bien que votre fille n'est plus votre fille : je
vous défends de la toucher. Vivez de votre luxe,
comme nous vivrons de notre misère. Nous serons encore plus riches que vous, grâce à Dieu.

Et, parlant à Marguerite :

— Tu vois bien, mon enfant, que cette femme
n'est pas ta mère, puisqu'elle a des diamants aux
oreilles et que tu n'as pas de souliers à tes pieds.

L'homme, par sa colère comme par sa dignité
et sa tristesse, avait frappé la femme d'immobilité. Elle baissait la tête, et ne savait que faire ;
d'un côté son cœur, de l'autre côté son orgueil.

Le mari disparut, emportant Marguerite.

L'Espagnol survint.

— Vous êtes folle, ma belle amie, de nous

donner ainsi en spectacle. Qui est-ce donc que cet homme ?

La femme dit tout haut, de l'air du monde le plus dégagé :

— C'est mon frère. J'ai voulu embrasser ma nièce qui est ma filleule.

Et l'Espagnol, entraînant la dame :

— Toutes ces scènes de famille me font pitié. Prenez-vous une glace avant le café ?

Naturellement j'avais tout vu sans avoir l'air de ne rien voir. Pour mes voisins, je n'avais suivi des yeux que la fumée de ma cigarette. Aussi l'Espagnol me dit-il, comme si rien ne s'était passé.

— Vous ne me refuserez pas de prendre le café avec nous.

— Oui, répondis-je, dans ma curiosité de mieux connaître cette femme.

J'allai donc m'asseoir à la table de l'Espagnol qui, pour me faire honneur, demanda au petit Japonais; car il y a là un Japonais, comme partout, de la fine champagne vraiment fine : quatre francs le petit verre. Et Dieu sait si le verre est petit !

On causa de ceci et de cela, sans rappeler le moins du monde la scène de famille.

Mais l'Espagnol s'étant éloigné de quelques tables, appelé par Angel de Miranda, qui régalait deux femmes du monde, je dis sans préambule à la jeune mère.

— Vous avez bien envie de pleurer, n'est-ce pas?

Elle me regarda et montra deux larmes. Je lui pris la main.

— A la bonne heure, voilà le cœur qui parle.

— En doutiez-vous?

— Eh bien, alors, que diable faites-vous ici?

— Ah! c'est toute une histoire, l'histoire d'une fille bien élevée, mariée à un brave homme qui meurt à la peine. Si vous saviez ce que c'est que la vie à Paris avec dix-huit cents francs par an!

— Oui, c'est la misère noire, parce que c'est la misère qui ne rit jamais.

— Que voulez-vous qu'on fasse dans un intérieur où il n'y a ni de quoi vivre ni de quoi s'habiller. Je me suis exténuée à faire de la tapisserie et du coloriage, ne me couchant jamais qu'après minuit. J'avais fait le sacrifice de moi-même, mais ma fille était si gentille! Comment n'avoir pas de quoi la faire belle, la pauvre petite ? Mon mari ! Je n'avais plus le courage de sortir avec lui, si mal habillés, lui comme moi. Et la cuisine ! Je ne suis pas gourmande, mais à la fin l'estomac se révolte.

— Et vous aimez mieux cette cuisine des Ambassadeurs ?

— Ma foi, oui ; je ne me fais pas meilleure que je ne suis ; mais quand j'ai vu ma fille, qui peut-être n'avait pas dîné, j'aurais voulu être à cent pieds sous terre.

— Croyez-moi, lui dis-je, puisque Dieu vous a donné une fille, soyez sa mère.

— Et que voulez-vous que je fasse?

Je ne suis pas un apôtre, mais je crois que je pris là parole évangélique.

— C'est bien simple, madame, vous allez sauter dans un fiacre qui arrivera plus vite que votre mari et votre fille dans l'île Saint-Louis; vous monterez quatre à quatre, après avoir défendu à la portière de rien dire ; un quart d'heure après vous, le père et l'enfant ouvriront la porte. Vous les recevrez à genoux, et tout le monde sera content.

La jeune femme me regarda pour voir si je ne me moquais pas d'elle.

— Pourquoi me dites-vous ça.

— Je vous dis ça, parce que j'ai vu votre enfant pleurer.

Mais j'eus beau dire, la mère coupable ne se laissa pas gagner à sa cause. Elle fit la superbe ; elle déclara qu'elle s'était fanée dans cette vie absurde. Elle « engueula » son mari — le pauvre homme ! — parce qu'il n'avait pas eu le génie, comme tant d'autres, de lui donner sa place au soleil. Quand il revenait vers elle, il ne lui apportait que sa tristesse. Elle parla de son héroïsme à elle pour lutter contre la cuisine des pauvres gens. Elle en était devenue anémique. Elle se promettait de faire sa fille riche pour l'affranchir de toutes les peines de sa mère.

Comme elle était en train de se donner raison, l'Espagnol vint reprendre sa place. Je désespérais de rendre à la mère l'enfant. Mais voilà qu'à propos d'un mot malsonnant, ils se disputent tous les deux, comme on se dispute quand on ne s'aime pas, car ils en étaient, comme a dit Chamfort, au contact de deux épidermes.

Naturellement, j'attisai la dispute en donnant raison à tous les deux; si bien que tout à coup elle s'emporte, elle se lève, elle brise sa coupe, elle s'enfuit comme une bourrasque.

L'Espagnol, qui latinisait un peu, éclata de rire en disant : *Fugit ad salices*.

Eh bien ! qui le croirait ? elle retourna chez son mari, dont tous les torts étaient effacés par les torts de l'amant. Dans sa gourmandise des joies de ce monde, elle avait déjà mangé trop de fruit défendu. Le foyer la reprit à l'enfer.

V

Le lendemain, je reçus un petit billet renfermant ces lignes :

« Monsieur, vous avez raison. Dieu peut me
« faire subir toutes les misères sans pour cela
« effacer le bonheur que j'ai eu de me retrou-

« ver mère sous le pardon de mon mari. Il m'a
« dit : J'ai tout oublié. Mais moi, je me sou-
« viens. Ma fille dans mes bras, tous les sacri-
« fices me seront doux. C'est égal, puisque vous
« aimez les enfants, faites-moi vendre des éven-
« tails, c'est tout ce que je sais faire.

« EUGÉNIE. »

Plaignons les femmes pauvres qui veulent vivre de leur travail. En voilà une qui peint des éventails, tout juste au moment où les Japonais nous en envoient de très jolis à vingt-quatre sous la douzaine.

Heureusement que le mari a fait un pas en avant dans son petit emploi au ministère des finances, sur la recommandation d'un de mes amis. La pauvre petite Marguerite aura une robe de plus à chaque saison.

VI

Le 14 juillet, — un jour de fête pour ceux qui travaillent, un jour de travail pour ceux qui ne font rien — je dînais encore dans le jardin du Café des Ambassadeurs.

Ce ne fut pas sans émotion que je vis tout à coup passer le mari, la femme et l'enfant.

Le mari donnait le bras à sa femme et tenait sa fille par la main. Il était grave et pensif, mais presque souriant; on pouvait juger que les blessures du cœur étaient fermées.

La femme, toute rêveuse, me parut, hélas! bien moins jolie. Elle détourna la tête en passant, en proie peut-être aux souvenirs et regrets!

— Maman, lui dit Marguerite en lui montrant les tables pavoisées de dîneuses, maman, te souviens-tu ?

Sans regarder, la mère répondit à mots rapides:

— Je ne me souviens pas.

La famille rapatriée allait écouter les chanteuses de l'Alcazar, mais *extra muros*, promeneurs du dehors qui ne payent pas leur place. Le mari dit à sa femme :

— Nous en sommes pour longtemps encore aux plaisirs qui ne coûtent rien, mais n'y a-t-il pas les plaisirs qui coûtent trop cher !

VII

N'avais-je pas vu en action un roman à la Diderot sur un fond de Florian. Cela me reposait de tant d'histoires à haut ragoût qui finissent mal.

Mais je n'en étais pas au dernier mot.

Hier, à l'Opéra, j'ai vu la femme au bras de l'Espagnol.

Et plus belle que jamais !

Elle vint à moi d'un air dégagé : « Je vois bien ce que vous me dites par vos regards ? Tant pis ! C'était au-dessus de mes forces. »

Elle conta comment elle avait été stoïque — pendant six semaines ! — en reprenant le collier de misère. Elle avait encore une fois ruiné ses mains à laver ses nippes et celles de sa fille. C'était le travail de Pénélope. Elle ne pouvait plus s'accoutumer à la vertu, peignant des éventails devant le pot-au-feu. Son mari, un saint à encadrer, avait beau lui promettre à vingt ans de là une chaumine en Normandie avec une vache, des cochons et des poules, ces joies-là étaient trop lointaines : elle aimait mieux un hôtel à Paris, la coquine !

— Voyez-vous, lui dis-je, vous feriez mieux de continuer à peindre des éventails que de jouer de l'éventail.

— Pour se donner raison, elle me dit :

— Je ferai une dot à ma fille.

A quoi je répondis :

— Et votre mari, lui ferez-vous une dot ?

TROIS PAGES DE LA VIE DE VALLIA

Plaisir d'amour! Vieille chanson toujours nouvelle.

V

TROIS PAGES DE LA VIE DE VALLIA

I

Qu'est devenue Mme la comtesse de la Châtre, qui, dans son joli nid des Champs-Élysées, appelait tous les oiseaux chanteurs de son temps? On n'a jamais été plus charmante ni

plus hospitalière. La Guéronnière trônait mélancoliquement sur la branche ; aussi disait-on :
« Ah ! le bon billet de la Châtre à La Guéronnière ! » Ces oiseaux bleus s'enivraient de platonisme et roucoulaient les dernières phrases de l'amour aérien sur les airs connus de Lamartine. Ce que c'est qu'une bonne école. Aujourd'hui, l'école est fermée ; on ne roucoule plus, on s'engueule à belles dents et l'on casse la branche aux chansons. M. Thiers n'a-t-il pas été le chef des naturalistes quand il disait d'une femme ou à une femme : « Belle chair. Je voudrais y mordre ? »

La comtesse de la Châtre est sans doute allée où vont les roses d'antan. Le coup de foudre de 1870 l'a emportée dans l'oubli. Ses salons ne se sont pas rouverts, ce qui est bien dommage, car on n'y rencontrait que des gens d'esprit et des charmeuses.

Et puis, c'était le dernier salon où l'on jouait de la harpe, ce qui faisait la joie d'Henry de Pène, de Saint-Victor, de Guy de Charnacé, d'Émile de Girardin et d'Henri Delaage, ce familier de la maison, qui avait prédit toutes les catastrophes du second empire — et la chute de Vallia.

Un soir, après-dîner, Mme de la Châtre nous avait promis une joueuse de harpe incomparable.

Quand cette merveille apparut, ce fut comme une vision, tant elle était blanche, mince, svelte, diaphane. Avec cela, la grâce brisée des stances romantiques. Elle semblait descendre d'une des fresques d'Ange de Fiesole.

Il me parut impossible que ces doigts légers eussent raison de la harpe dorée qu'on apporta devant elle ; mais, dès qu'elle se mit à l'œuvre, tout le monde fut émerveillé de sa force comme de son jeu. La victoire est toujours aux femmes minces. Toutefois, après la première mélodie, la jeune fille abandonna la harpe pour tomber, toute pâle, sur le fauteuil le plus proche. On courut à elle, comme pour la secourir. « Ce n'est rien, » dit-elle. Mais ses deux jolis seins, enfermés dans son corsage à la Pompadour, semblaient battre des ailes comme des colombes dans une cage trop petite.

Mme de la Châtre la souleva et me pria de la

conduire avec elle dans sa chambre, dont les fenêtres étaient ouvertes. Je l'emportai dans mes bras. La joueuse de harpe se pencha sur la balustrade d'une des fenêtres pour respirer l'air vif.

Il y a trop de monde, me dit-elle. Comme je demeure à deux pas d'ici, je suis venue bien vite, bien vite, j'ai monté l'escalier en toute hâte. A peine entrée, on m'a traînée sans pitié devant la harpe; vous comprenez pourquoi je me suis presque évanouie.

Les maîtresses de maison sont cruelles, comme les directeurs de théâtre ; elles sacrifient tout à leur monde. Elles brûleraient la maison pour donner un feu d'artifice.

La joueuse de harpe, qui était revenue à elle, me demanda si l'on pouvait, sans rentrer dans les salons, passer par l'antichambre pour partir.

— Oui, mais vous allez faire un vrai chagrin à tous ceux qui vous ont entendue, s'ils ne vous revoient pas.

— Qu'est-ce que ça me fait ?

— Et à moi donc ?

— Je ne sais pas pourquoi je suis venue ici,

puisque je ne connais même pas la maîtresse de la maison. On m'a dit que c'était pour me donner de la célébrité, parce qu'il n'y a ici que des gens célèbres. Mais je la connais cette monnaie-là! Tout cet hiver j'ai joué dans de pareilles maisons; je n'en suis pas plus connue ni plus riche.

— Ce n'est donc pas pour vous amuser que vous jouez de la harpe?

— Pas le moins du monde. Je joue de la harpe et du violon comme d'autres font de la peinture sur porcelaine ou trépignent sur une machine à coudre.

— Comment, avec une figure de duchesse et une désinvolture de marquise, vous n'avez pas cent mille livres de rente?

— Cent mille livres de rente! Si vous voulez m'envoyer un de ces beaux messieurs ou une de ces belles dames pour payer mes dettes, vous me ferez bien plaisir. Mais, de grâce, conduisez-moi dans l'antichambre.

La comtesse de la Châtre, qui était retournée donner des nouvelles de la harpiste, reparut alors.

— Moidemoiselle, vous avez fait tant de plaisir que vos admirateurs sont tout oreilles.

— Madame la comtesse, je suis à bout de forces ; je reviendrai à votre prochaine fête, mais donnez-moi la liberté.

Sur ces mots, la harpiste prit mon bras et m'entraîna vers une petite porte entr'ouverte. La comtesse comprit qu'elle ne devait pas insister.

— Eh bien ! me dit-elle en serrant la main de la jeune fille, conduisez-la chez elle ; c'est à deux pas d'ici.

Me voilà jetant une pelisse sur la harpiste, ouvrant la porte, descendant l'escalier et la conduisant chez elle.

— Êtes-vous attendue ? lui demandai-je en arrivant à sa porte.

— Attendue ? Je suis seule au monde, comme dans la chanson.

— Seule au monde ! Si vous retombez en syncope, qui donc vous fera respirer des sels ?

Elle me regarda avec un sourire railleur.

— Oui, oui, je vous vois venir, vous voudriez bien que je retombasse en syncope, tête-à-tête avec vous.

— Ma foi, non. La preuve, c'est que, si vous voulez, nous irons comme deux amis souper ensemble? Mais vous avez l'air de vivre de l'air du temps.

— Vous figurez-vous que, jouant de la harpe avec des cachets de célébrité, je puisse souper tous les jours au Café Anglais?

— Si vous vouliez!

— Oui, mais je ne veux pas.

— Les femmes ont tort de s'imaginer qu'elles ne rencontreront jamais parmi les hommes un bon diable qui ne demandera pas la monnaie de sa pièce.

La harpiste me regarda à brûle-regard.

— Eh bien! moi, je n'ai jamais rencontré ce diable-là. Chaque fois qu'un homme m'a dit un mot, depuis l'âge de quinze ans, c'était un mot d'amour. Aussi j'ai pris en horreur les hommes et l'amour.

Et, tournant le dos à sa porte, Mlle Vallia reprit :

— Allons souper, car je n'ai pas dîné, ce qui m'arrive trop souvent.

Je la mis en voiture et je la conduisis au

Café Anglais, me promettant un vif plaisir à la voir souper pour tout de bon. La pauvre musicienne mourait de faim, car elle mangeait chez elle beaucoup plus de doubles croches que de perdreaux truffés.

Je passe toute une histoire de famille que j'abandonne aux romanciers en chambre : Un père libertin qui mange la fortune de sa femme, laquelle meurt à la peine avec quatre enfants sur les bras. Vallia avait alors seize ans, avec une année de Conservatoire et la protection du maestro Auber, qui protégeait beaucoup trop de musiciennes. Son frère, sous-lieutenant d'artillerie, ne pouvait la secourir. Elle avait vécu avec une de ses sœurs, qui vivait à la diable, cachant la courtisane sur la fille du monde. Quand Vallia vit trop d'amoureux chez sa sœur, elle eut peur de l'abîme et prit pied dans un petit rez-de-chaussée des Champs-Élysées, où elle espérait vivre honnêtement en donnant des leçons de solfège, de violon et de harpe. En effet, elle avait vécu, mais à la condition de mourir de faim.

Au Café Anglais, comme je n'avais aucune

— Où vas-tu, Double-Croche ? — Viens souper avec moi.

arrière-pensée de faire le beau, je ne demandai pas un cabinet particulier. J'entrai dans le salon, avec le seul dessein de faire bien souper Vallia.

On nous apporta un perdreau truffé et une bouteille de vin de la Tour-Blanche. Le garçon proposait de découper l'oiseau, mais Vallia lui dit :

— Halte-là ! je vous connais ; vous allez garder pour vous la carcasse, c'est-à-dire ce qu'il y a de meilleur.

Et de sa main délicate, mais ferme, elle découpa lestement le perdreau. Sa figure s'était illuminée comme celle d'un gourmand.

Nous en étions à la première bouchée, quand une femme qui tentait de souper au voisinage survint et me dit à mi voix :

— En bonne fortune ?

— Jamais de la vie, lui répondis-je tout haut. Si j'étais en bonne fortune, je ne serais pas ici ; le bonheur se cache.

La survenante était une musicienne de mauvaise vie, surnommée *Double-Croche*. Pourquoi Double-Croche ? Quand je vous aurai dit qu'elle avait passé par le Conservatoire, je ne vous aurai encore rien dit...

Je n'aime pas les périphrases. Double-Croche, parce qu'elle traînait toujours un homme et une femme. Pour quoi faire?

C'est qu'elle avait pour la musique une passion désordonnée, jouant du violon avec celui-ci et du piano à quatre mains avec celle-là. Elle ne savait pas ce qu'elle aimait le plus ; aussi elle dévisageait Vallia d'un regard étrange.

Tout à coup elle s'écria :

— Vallia! Je ne te reconnais pas ; et toi, me reconnais-tu?

Vallia, qui l'avait à peine regardée, leva les yeux et murmura :

— Héloïse !

Toutes les deux avaient été de la même classe au Conservatoire.

— Tu joues toujours la harpe ?

— Oui. Et toi, tu joues toujours du violon ?

— Oh! mais j'ai renvoyé ces jours-ci mon violon à Stradivarius, car je n'ai pas le temps d'en jouer.

— De quoi joues-tu ?

— Je joue de mon reste.

On n'est pas plus éloquente.

Il n'y avait à Paris qu'une femme plus pâle que Vallia : c'était Héloïse ; mais Vallia avait la pâleur chaste de celles qui pleurent, tandis que Double-Croche avait la pâleur diabolique de celles qui s'amusent.

— Voulez-vous que je soupe avec vous ?

— Pas du tout, répondis-je, croyant être agréable à Vallia.

Mais la harpiste dit d'un air engageant :

— Pourquoi pas ?

Et elle demanda un second perdreau.

Jusque-là Double-Croche n'avait rien demandé, sous prétexte qu'elle attendait quelqu'un, ce quelqu'un que le dieu Hasard envoie aux femmes qui attendent.

Il ne me fallut pas longtemps pour m'apercevoir qu'entre les deux élèves du Conservatoire il y avait d'étranges affinités. Double-Croche magnétisait Vallia par la douceur pénétrante de ses yeux comme par les caresses de sa voix.

— Ah! tu verras, lui dit-elle, quels jolis duos nous jouerons!

Il faut tout étudier quand on passe en philosophe dans la vie parisienne.

Double-Croche dit ensuite à Vallia qu'elle l'avait toujours bien aimée; puisqu'elle la retrouvait, elle ne serait pas si bête que de la reperdre. Et Vallia, qui n'avait pas d'amie, tomba dans l'abîme avec abandon.

Je n'étais plus là qu'un confident de comédie ; je tentai de ramener la harpiste aux joies sérieuses de la harpe, tout en conseillant à Double-Croche de retourner dans les ténèbres ; mais le coup était porté ; le mal est plus fort que le bien.

— Adieu, dis-je à Vallia. Vous ne voulez pas que je vous reconduise ?

— Non ! non ! se hâta de répondre Double-Croche ; je la reconduirai — et nous ferons de la musique !

A la porte du Café Anglais, je rencontrai l'apocalyptique Henri Delaage, qui revenait à pied de la petite fête de la comtesse de la Châtre.

— Qu'est-ce que c'est que Vallia ? lui demandai-je.

— Une mélodie.

— Et Mlle Double-Croche ?

— Une marche funèbre.

— Eh ! bien ! entrez là, et séparez-les pour le bonheur de Vallia.

— Non, ce qui est écrit est écrit !

II

Quelques jours après, un de mes amis — un dilettante, — qui avait rencontré Vallia et Double-Croche chez une femme du monde, m'écrivait ces lignes, — où je n'ai rien compris :

« Ces trois symphonies n'ont jamais été
« plus adorables que ce soir-là ; elles chan-
« taient touts les trios qui eussent ravi Auber
« et Rossini, ces libertins en SOL, LA, SI.

« Oh ! la musique ! quelle force sur les âmes !
« Leurs yeux flambaient, leurs bouches ar-
« dentes et inapaisées couraient du sourire à
« l'éclat de rire ; l'éclat de rire se mouillait de
« larmes ; et puis elles tombaient brisées avec
« un voluptueux abandon.

« Elles passaient de la marche triomphale

« aux mélodies plus intimes et plus cares-
« santes; on quittait les feux d'artifice de Liszt
« pour les douceurs de Schubert; puis tout à
« coup ces trois musiciennes partaient pour
« l'horizon radieux à la découverte des mondes
« nouveaux. J'étais sous le charme de leurs
« inspirations. Je vois avec plaisir que les
« femmes du monde — et du beau monde —
« deviennent de grandes musiciennes. »

III

Un an après, la comtesse de la Châtre, me rencontrant un matin au coin de la rue Balzac, me dit en me tendant la main :

— Vous ne savez pas où je vais?

— Vous n'allez pas au sermon?

— Mieux que cela; je vais voir une mourante.

— Qui donc?

— Vous rappelez-vous cette jolie joueuse de harpe que vous avez vue chez moi l'autre hiver?

— Mlle Vallia ? Elle se meurt !

Je ressentis un coup au cœur, car j'avais gardé comme une douce image le souvenir de la jeune musicienne.

— Oui, mon ami, Mlle Vallia va mourir à vingt ans et jolie comme un ange.

— Et de quoi meurt-elle ?

— D'une maladie de cœur. Je lui ai envoyé mon médecin, qui me conseille d'aller la voir si je veux la revoir. Voulez-vous venir avec moi ?

La comtesse prit mon bras ; il n'y avait qu'un pas à faire, car Vallia restait toujours à son petit rez-de-chaussée, presque en face, dans la maison qui porte le numéro 121 ou 123 de l'avenue des Champs-Élysées. La clef était sur la porte ; la comtesse ne fit pas de façons pour ouvrir sans sonner.

Je la suivis ; nous assistâmes au spectacle le plus touchant.

Vallia, toute blanche, agenouillée sur son lit, recevait l'extrême onction, avec la ferveur d'une fille de Dieu.

Aussi ne nous regarda-t-elle pas quand nous entrâmes.

La comtesse s'agenouilla et pria, je m'effaçai discrètement contre le rideau d'une des fenêtres.

Naturellement, Henri Delaage était là. Il me dit par un regard :

— C'était fatal.

Quand le prêtre eut consolé par l'espérance celle qui avait la foi, la comtesse prit Vallia dans ses bras et l'embrassa doucement sur le front.

— C'est bien, dit-elle, de vouloir revivre en Dieu.

— Ah ! je suis bien heureuse, murmura Vallia. Je sens que je suis sauvée.

La comtesse, se méprenant sur ces paroles, lui dit:

— On ne meurt pas à vingt ans.

— Vous ne comprenez pas, dit Vallia, je suis sauvée, parce que je meurs, parce que Dieu me pardonne mes péchés et que je ne pécherai plus.

IV

Il y avait là une femme qui pleurait et qui éclata en sanglots: c'était la sœur de Vallia, celle-là qui vivait du péché et qui ne voulait pas vivre du repentir.

On sonna.

— N'ouvrez pas! dit Vallia.

Parlait-elle par pressentiment, ou bien ne songeait-elle qu'à respirer plus longtemps dans la même atmosphère de prières et d'encens?

Sa sœur, qui était allée ouvrir, fit quelque bruit à la porte pour empêcher une nouvelle venue de dépasser l'antichambre. Elle reparut en disant à Vallia:

— C'est Héloïse.

— Jamais! jamais! dit Vallia.

Une lueur étrange passa sur son visage; la lumière du mal, brûlant la lumière du bien, faillit rejeter l'orage en cette jeune fille transfigurée.

Alors seulement elle m'aperçut. Elle me fit signe, et j'allai lui prendre la main.

— Ah! vous aviez raison, me dit-elle, de vouloir m'arracher à cette fille, car elle m'a tuée.

Vallia laissa tomber sa main et ferma les yeux. On eût dit qu'elle venait de mourir. Sa sœur lui mit un flacon sur les lèvres.

Mme de la Châtre me ramena à la fenêtre.

— J'ai peur de voir une morte, dit-elle toute pâle.

J'avais soulevé le rideau. Je vis alors Double-Croche qui s'en allait toute frétillante vers son coupé, précédée de son groom, — un objet d'art. — Ses deux chevaux, de magnifiques chevaux anglais, piaffaient de jeunesse et d'impatience.

— Comment! me dit la comtesse, cette coquine de musicienne a des chevaux?

— Oui! — et on dit que ses chevaux lui viennent d'une femme du monde. Voyez-vous, ma chère comtesse, on ne saura jamais si Sapho est jetée du haut du rocher de Leucade pour Phaon ou pour Erinne.

V

Cette blanche Vallia qui charmait tout le monde par les deux bleuets de ses yeux, cette âme d'élite qui rayonnait sur ce corps idéal, elle mourut comme une sainte, heureuse d'avoir retrouvé Dieu, heureuse aussi de savoir que la comtesse de la Châtre irait à son enterrement et payerait ses funérailles. L'argent de sa sœur la révoltait.

La jeune morte avait quitté cette sœur tombée, qu'elle jugeait indigne, pour vivre dans les régions bleues des créatures bien douées; mais la colombe est-elle jamais à l'abri de l'épervier! Cette horrible Double-Croche avait tournoyé autour d'elle, l'enveloppant dans les passions qui donnent la mort.

VI

— Ce n'est pas l'homme qui perd la femme, c'est la femme disait Mlle Sainte-Héloïse aux dernières courses de Deauville.

— A propos, Double-Croche, qu'as tu fait de Vallia lui demanda son amant ?

— Je ne me souviens plus.

— Celle qui pinçait si bien de la harpe ?

La drôlesse répondit par ces mots horribles pour épater ses amies Minette et Mina :

— J'en ai fait une horizontale pour l'éternité !

LE VIOLON VOILÉ

Ah Pâquerette! si tu chantais avec tes jambes!

VI

LE VIOLON VOILÉ

I

Pourquoi s'appelait-elle Pâquerette ? Parce qu'elle s'appelait Marguerite. Marguerite au théâtre, Pâquerette dans les coulisses. Marguerite était le seul nom du calendrier comme le seul nom de famille qu'on lui eût donné à son baptême. Elle n'avait pas d'état civil, née d'un père et d'une mère qui s'étaient dérobés après lui avoir donné une nourrice. Brune comme les abîmes, yeux doux et mordants, nez impertinent, trente-deux dents aiguës dans un écrin de pourpre toujours entr'ouvert ; trois fossettes, une au menton, deux sur les joues, « sans compter toutes les autres », disait-elle ; cheveux en manteau de roi ; bras et jambes en fuseaux ; mais pourtour et avant-scènes : voilà Pâquerette, avec des séductions sans nombre, un éclat de rire à faire lever le soleil, de l'esprit à la diable, des heures de sentimentalisme après des heures de raillerie, la larme près des cils, le cœur dans la main.

C'est en vain que j'essaye de peindre Pâquerette ; il fallait la voir à l'œuvre, sur la scène, dans la coulisse, chez elle ou ailleurs, pour la comprendre un peu, cette étrange et cette capiteuse.

Elle vint me voir un jour, quand elle jouait la comédie au théâtre Beaumarchais. Je ne la connaissais ni des lèvres ni des dents, pour parler comme elle. Elle voulait une lettre de recommandation pour jouer la comédie au Théâtre-Français, sous prétexte qu'elle était

aussi maigre que Rachel et Sarah. Je lui dis.
« Va donc, petite Cigale ! ne joue pas ainsi à
l'Iphigénie, ne te fais pas sacrifier sur cet autel
antique, cours les théâtres d'occasion, tu y
trouveras des aventures et tu y deviendras
peut-être une Granier ou une Judic.

Elle s'était mise au piano pour jouer une
valse de Métra, sur laquelle elle avait ajusté des
paroles de toquée, mais très valsantes.

Le hasard, qui fait bien les choses, avait
amené ce matin-là chez moi un tout jeune musicien avec qui je jouais du violon en duo, pour
me rappeler mes vingt ans. Il se nommait Wilfrid Bouquet; il avait passé quelques mois par
le Conservatoire, tombant de l'orchestre du
théâtre dans l'orchestre du café-concert; il
jouait à merveille Glück et Gounod dans ses
entr'actes, il aimait tour à tour Hérold et Massenet, ne trouvant pas que l'un fût trop démodé
et l'autre trop à la mode.

Voyant Pâquerette en ses ondulations forcenées sur le piano, il courut décrocher mon violon
pour accompagner cette folle qui s'enivrait de
musique comme de vin de Champagne. Elle

trouva cela bien naturel et le remercia par quelques-unes de ces œillades terribles qui inquiétaient les cœurs.

Quand elle fut au bout de sa fantaisie, elle demanda à Bouquet s'il était musicien :

— Comme tout le monde. Mieux que tout le monde !

Un peu plus, ils allaient passer la matinée à ce jeu, mais j'y mis bon ordre.

— Mes enfants, allons-nous-en chacun à notre gagne-pain.

Pâquerette vint à moi et me dit tout bas :

— Il est bien gentil, votre ami.

— N'est-ce pas ? N'allez pas mettre la main sur lui, car il serait perdu. C'est une âme tendre et candide; vous ne feriez qu'une bouchée de son cœur, petite malheureuse que vous êtes.

— Allons donc! je suis un agneau. Si je n'avais une vertu à tout casser, je me laisserais égorger tous les soirs pendant et après la représentation.

— C'est égal, je ne veux pas vous le confier.

Elle se retourna vers Bouquet.

— Monsieur, lui dit-elle, puisqu'on nous

met à la porte, voulez-vous m'offrir votre bras?

Je voulais les séparer, mais il était trop tard, ils se seraient retrouvés au coin de la rue.

Le ciel menaçait d'une averse.

— Comme ça se trouve, dit-elle ; le petit violon a un parapluie.

— Oh! dit-il en souriant, j'ai encore de quoi vous offrir un fiacre.

Parapluie ou fiacre, ce fut leur premier voyage de fiançailles. Que Dieu les conduise! dis-je en allumant une cigarette.

II

Quelques jours après cette rencontre inattendue, j'allai au théâtre Beaumarchais, où l'on représentait un drame à fracas d'un autre de mes amis.

Je ne fus pas trop surpris de reconnaître Bouquet sous l'habit d'un seigneur de la cour de Charles VII, amoureux de Pâquerette, qui jouait le rôle d'Agnès Sorel.

— Comment, vous voilà comédien ?

— Il le fallait bien. Agnès Sorel a toujours besoin de mon parapluie, et il pleut tous les jours.

Le bonheur rayonnait sur son front comme sur celui de Pâquerette, qui s'approcha de nous.

— A la bonne heure, dis-je ; j'aime à croire que vous avez fait publier vos bans ?

Les amoureux prirent un air de gravité.

— Nous n'y pensions pas d'abord, dit Bouquet, mais nous nous aimons tant, que nous sommes décidés à nous marier.

— Après les noces ?

— Vous êtes trop curieux, dit Pâquerette ; mais vous saurez que je suis arrivée à lui digne de porter la couronne d'oranger.

— C'est incroyable, mais je vous crois.

On allait entrer en scène.

— Mon ami, dis-je à Bouquet, tout cela est fort beau ; mais puisque vous êtes si heureux, ne vous mariez pas.

— Oh ! je l'aime tant, que je veux lui sacrifier ma vie !

— Pendant six mois, c'est bien ; mais après ? Rappelez-vous les mariages de théâtre.

— Oh! vous ne connaissez pas Pâquerette !

— Oui, c'est un ange ; mais les anges ne se marient pas, même dans le ciel.

Je ne sais pas pourquoi on donne encore des conseils : le lendemain, les fiancés vinrent chez moi pour m'annoncer le jour de leur mariage et me prier d'être un de leurs témoins.

— Jamais ! m'écriai-je ; je ne veux pas être témoin de ces choses-là ; d'ailleurs, je porte malheur ; j'ai été témoin de Roger de Beauvoir, d'Hector de Callias et d'Olivier Métra. Vous savez l'histoire de ces hyménées.

— Eh bien ! si vous ne voulez pas être un de nos témoins, vous serez au moins un de nos convives?

Je ne pouvais pas refuser ; j'allai même à la messe pour voir cette mariée de théâtre, qui me parut un peu trop noire même sous son voile blanc ; le soir, au dîner, elle fut charmante, gentille à croquer pour son mari, pleine de charme et d'agrément avec tout le monde.

— Après tout, me dis-je, en les quittant, il n'est pas impossible qu'ils ne soient heureux.

Cependant j'avais beau chercher dans mes

souvenirs l'histoire des mariages de théâtre, je ne pouvais rebâtir la chaumière de Philémon et Baucis.

III

Trois ou quatre mois après, à la mi-juillet, j'allais au Havre prendre les bains de mer. Après la mer, la vraie distraction, c'est encore le théâtre. J'aime les cabotins de province ; il y a toujours parmi eux des originalités, des talents en germe, des figures imprévues. A la table d'hôte de Frascati, on parla d'une représentation extraordinaire où devait débuter Mme Marguerite Bouquet, « des théâtres de Paris ».

— Il paraît qu'elle est fort jolie, dit l'un.

— Oui, dit l'autre ; mais il ne faut pas s'y risquer, car son mari est chef d'orchestre et il a toujours son archet suspendu sur les amoureux de sa femme. On dit d'ailleurs que c'est une vertu.

— Voilà qui est invraisemblable, dit celui-ci.

— Pourquoi pas, dit celui-là, le théâtre étant l'école des mœurs.

Je ne me fis pas prier pour aller le soir à la représentation extraordinaire. On donnait deux actes des *Contes de la Reine de Navarre*. Marguerite joua le rôle de Madeleine Brohan avec beaucoup de grâce et de brio ; mais, par malheur, elle était condamnée à chanter ensuite je ne sais plus quel rôle, dans une opérette, — et elle avait perdu sa voix dans la prose de M. Scribe ; — aussi l'on n'entendit que des notes dépareillées. Heureusement que son mari était chef d'orchestre ; elle lui criait sans cesse :

— Fais donc chanter les violons pour couvrir ma voix.

Le pauvre chef d'orchestre se démenait comme un diable dans un bénitier. Tout à coup, Pâquerette m'aperçut ; c'était vers la fin, elle me fit signe d'aller dans sa loge. J'y allai de bien bon cœur ; je lui fis mes compliments d'être une si belle reine de Navarre.

— Oui, dit-elle, je crois que je suis Basque, et je comprends bien Marguerite ; mais je suis furieuse d'être obligée de chanter avec une voix brisée.

— Qu'est-ce que cela fait ? Bouquet y a pourvu.

Le mari survint, tout joyeux, portant un dernier bouquet jeté à sa femme, sans lui dire que celui-là il l'avait acheté.

— Voyez-vous, me dit-il, cette femme est insatiable de bouquets.

— C'est à cause de ton nom, monsieur mon mari ; mais tu es encore mon plus beau bouquet.

Il me fallut souper avec eux au cabaret ; je constatai avec plaisir que c'étaient toujours des amoureux. A chaque instant, Pâquerette allait s'asseoir sur les genoux de Wilfrid en disnnt : « Mon petit violon ! mon petit cœur ! mon petit amour ! » Elle n'était pas plus grande que lui, mais à son bras elle avait l'air d'une amazone, par sa désinvolture altière.

Nous nous promîmes de nous revoir. Un jour que, tout en cherchant des curiosités, je passai dans leur rue, je frappai à leur porte. La reine de Navarre fut quelque peu confuse : elle était en train, tout en repassant son rôle, de repasser sa chemise, de recoudre des perles à sa robe et à sa couronne de reine. Aux quatre chaises étaient suspendus des gants qu'elle venait de passer à l'esprit-de-vin et une collerette qu'elle avait passée au bleu. Elle était tout à la fois sa couturière, sa blanchisseuse et sa femme de chambre.

Qui donc faisait la cuisine dans cet intérieur du *Roman comique?* Bouquet. Je le surpris veillant au pot-au-feu, qui mêlait son fumet savoureux aux parfums de l'esprit-de-vin et du savon de Marseille. Ce n'est pas tout. Bouquet n'était pas seulement cuisinier, il était aussi couturière, car il recousait une robe de ville coupée dans une robe de théâtre, pour que sa femme pût aller sur la plage avec lui, ce qui ne l'empêchait pas de jouer çà et là un air de violon.

— Voilà qui est parfait, dis-je, si vous n'êtes pas heureux là-dedans, vous êtes difficiles à vivre.

— Que voulez-vous, murmura Pâquerette, au théâtre, quand on aime son mari et qu'on ne veut pas sauter le pas, il faut vivre de peu.

— Ma belle enfant, ce peu c'est tout.

— Voyez-vous que vous pouviez bien être un de nos témoins!

— Je suis mieux que cela, je suis votre admirateur!

C'était l'heure du dîner; un peu plus, on me forçait à me mettre à table pour ce repas homérique. Je me dérobai, non sans peine, accompagné de Bouquet, qui allait chez le mastroquet acheter un litre de petit bleu à seize. Ce ne fut pas sans peine que je le décidai à accepter pour sa femme un panier de vin fait avec du raisin.

Ah! comme il était content de penser que les belles lèvres amoureuses de Pâquerette tremperaient dans le beau rouge du Château-Laffitte!

Il était si heureux d'être heureux!

IV

Le soir, Pâquerette, ne jouant pas, fit un tour dans les salons de Frascati.

— Comment, lui dis-je, sans votre Bouquet?

— Oui, me répondit-elle en mettant la main sur le cœur, il me manque quelque chose là.

J'avais au bras un de mes amis qui prenait la mauvaise habitude de braconner sur le mariage. Il offrit à Pâquerette de valser avec lui. Elle refusa net, en lui disant qu'elle ne valsait qu'avec son mari; mais elle n'en joua pas moins de l'éventail, enchantée qu'on la trouvât jolie femme et bonne comédienne. Mon ami voulut remplir le rôle du serpent, malgré mes railleries. Il avait rencontré Pâquerette courant le soir, à pied, les vilaines rues du Havre par un temps de chien; il s'étonnait qu'elle n'eût pas un coupé à deux chevaux pour la conduire au théâtre et pour la ramener chez elle.

— Deux chevaux! s'écria-t-elle, j'y ai pensé; je n'ai pas seulement de quoi m'acheter des robes. Voyez plutôt, je porte une robe de théâtre refaite pour la ville.

— Et encore, dis-je, son mari, qui est bien gentil, y a mis la main.

Le braconnier s'indigna. Quelques jeunes gens survinrent; ce fut un quatuor de madrigaux. C'était à qui offrirait les deux chevaux à Pâquerette. Mais elle répondit :

— J'aime bien mieux aller à pied.

Pourtant je fus inquiet quand je la vis questionner ces gens-là sur le style des équipages, sur les races des chevaux.

Heureusement, son mari apparut; il lui avait promis de venir la prendre après avoir été faire sa partie dans un concert.

— Vous arrivez à propos, lui dis-je ; on allait enlever votre femme dans un coupé à deux chevaux.

— Je n'ai pas peur, dit-il en regardant Pâquerette avec la confiance d'un amour sans nuage.

Il croyait qu'il ferait encore des reprises aux robes de sa femme, mais il était convaincu que ces messieurs n'y feraient pas d'accrocs.

A un an de là, j'étais seul; on m'annonça M. Wilfrid Bouquet; je croyais voir entrer la femme la première, mais il était seul, tout seul. Il vint à moi, triste et pâle, tout en noir, comme s'il portait le deuil de Pâquerette.

Je n'eus pas le temps de l'interroger; il se jeta dans mes bras et éclata en sanglots.

— Ah! si vous saviez! tout est fini.

— Elle est morte!

— Oui, morte pour moi!

Je compris.

— Quoi, cette gentille Pâquerette qui vous aimait tant?

— Oui, elle m'a trahi pour un amoureux qui jouait les Berton, un cancre de théâtre, un cabotin de province.

Ce coup m'avait frappé, mais je voulus donner du cœur à l'âme de ce pauvre garçon.

— Eh bien! il n'y faut plus penser.

— N'y plus penser! mais c'est ma vie, je meurs de ne plus la voir.

— Voyons, soyez un homme. Quand on est un brave cœur comme vous, quand on a un talent comme le vôtre, quand on a vingt-quatre ans, il faut avoir le courage de braver un amour malheureux. Si je jouais du violon comme vous, je voudrais enchaîner toutes les femmes.

— Ah! mon violon, dit Bouquet en baissant la tête, je lui ai mis pour longtemps un voile noir.

— Allons, allons, dans tout artiste il y a l'homme de cœur et l'homme de talent; il faut que l'homme de talent sauve l'homme de cœur.

Mon violon n'était pas loin; j'allai le chercher et je le lui mis dans les mains.

Il soupira et faillit le laisser tomber; mais tout à coup, comme si Bouquet avait été pris par le démon de la musique, il joua le grand air d'*Orphée* : « J'ai perdu mon Eurydice. » Ce fut sublime; j'étais tout ému. Ses lamentations m'arrachèrent une larme.

Je le regardai avec un sentiment douloureux pour l'homme et un sentiment d'admiration pour l'artiste. Je croyais voir Orphée lui-même mis en lambeaux par les bacchantes, tant je voyais ce pauvre cœur déchiré par les furies de la jalousie.

Je lui serrai la main.

— Ah! mon ami, comme vous aimiez cette femme!

Bouquet sembla un peu désenfiévré.

— J'aurai du cœur, me dit-il d'un air décidé; je cours de ce pas demander ma séparation de corps.

— Mon pauvre enfant, vous avez fait une bêtise en vous mariant; vous allez faire une autre bêtise en vous démariant. A quoi cela vous servira-t-il?

— A quoi cela me servira? A tout briser entre elle et moi.

— Puisque tout est brisé.

— Oui, mais j'ai toujours peur, un jour de lâcheté, de courir à elle et de la rapatrier dans mes bras.

— Oui, sa vraie patrie, c'était vous; mais il est trop tard.

Je ne pus convaincre Bouquet; il voulait que la séparation de corps apprît à tout le monde qu'il ne courait plus après Pâquerette.

En effet, on ne fut pas longtemps sans que la *Gazette des Tribunaux*, à propos de cette séparation, révélât, d'après les journaux du Havre, comment la comédienne Marguerite avait planté là son mari qui l'adorait, pour un chenapan qui la battait ; car, le jour du flagrant délit, le talon rouge de province lui avait arraché une poignée de ses beaux cheveux.

Pour le pauvre mari, la vengeance avait commencé le jour de la trahison.

V

Pâquerette n'était pas venue me voir; je lui en savais gré. Cet hiver, comme je conduisais à l'Éden une princesse étrangère plus ou moins accréditée, une curieuse ardente à toutes les curiosités, Pâquerette nous croisa dans le promenoir; je ne la saluai point, mais elle se retourna et me dit : « Plus que ça de princesse ! »

— Qu'est-ce que cette demoiselle ? me demanda la dame que j'avais au bras.

— Un monstre.

— Parlez-lui donc, cela m'amusera.

Tout justement, Pâquerette semblait attendre un mot de moi.

— Pâquerette, je disais à la princesse que vous êtes un monstre.

— Je le sais bien.

— Comment avez-vous pu trahir un si galant homme ?

Pâquerette ne fut pas touchée du tout ; elle se mit à rire et me répondit :

— Autre temps, autre chanson. Ça m'ennuyait de chanter toujours la même chose. Et lui donc, quelle symphonie sempiternelle ! Voyez-vous, il y avait là-dedans trop de pot-au-feu.

— C'est cela, petite misérable ; il vous a fallu de la soupe à la bisque ; mais je suis sûr qu'au fond vous regrettez votre violon.

— Pas pour deux sous ! D'ailleurs, il m'embête toujours ; plus nous sommes séparés, plus il court après moi.

— Encore !

— Tenez, je viens de le voir à deux pas, qui se cache derrière un pilier.

Là-dessus, Pâquerette s'envola. La princesse comprit tout de suite le chagrin du mari.

— Parlez-lui donc, me dit-elle.

Nous nous avançâmes vers lui. Il était pâle

comme la mort, son œil cave jetait des éclairs, l'orage grondait dans son cœur.

— Que faites-vous ici ? lui dis-je, comme pour lui reprocher sa lâcheté.

Il me répondit tout bas, pour n'être pas entendu de la princesse : « Je me torture. »

Et il m'échappa, comme un homme qui se cache de tout le monde.

VI

Je prenais une glace au Café Napolitain, en compagnie d'Albéric Second et d'Aurélien Scholl, qui éclataient en saillies. Mais, tout d'un coup, ils firent silence. Pâquerette était venue s'asseoir à côté de nous. « Une comédienne de province ! » leur dis-je, sans vouloir lui parler.

Mais elle ne fit pas de cérémonies pour nous demander de la faire entrer au Vaudeville, en m'affirmant qu'elle jouait comme un ange tous les grands rôles du théâtre.

— Vous faire entrer au Vaudeville, lui dis-je ;

mais, si j'avais aujourd'hui quelque crédit, je ferais rétablir pour vous le Fort l'Évêque.

Mes deux amis me trouvèrent brutal envers une si jolie fille. Mais, tout à propos, le malheureux Bouquet passait sur le boulevard, car Pâquerette attirait toujours cette âme en peine.

La voyant si près de moi, il vint droit à elle. Il croyait que je le protégerais auprès de cette femme qui était toujours sa vie, de loin comme de près. « Pâquerette ! » dit-il en pâlissant.

Il ne put dire un mot de plus et tomba assis sur une chaise.

Je lui serrai la main pour le réconforter; mais, au même instant, Pâquerette lui dit d'un air dégagé, avec la voix la plus glaciale :

— Monsieur, je ne vous connais pas !

A peu près comme elle eût dit à un pauvre : « Passez votre chemin ! »

Bouquet passa son chemin. Il leva la tête avec quelque dignité, il me dit adieu et disparut.

« Monsieur, je ne vous connais pas, » était le mot de la mort pour son cœur.

Il demeurait alors rue Mazarine; il voulut retourner chez lui pour écrire à sa mère qui l'attendait à Nevers. Il n'écrivit pas à sa mère !

En passant sur le pont des Saints-Pères, il se promena quelques minutes, en proie à tous les désespoirs. Il regardait le ciel, puis la Seine, puis les femmes qui passaient, comme s'il devait revoir la figure de Pâquerette.

.. Tout à coup, il se pencha un peu plus et finit par tomber dans ce tombeau mouvant.

Il en était à ses dernières ressources. Sa mère ne recueillit que son violon, couvert d'un voile noir !

Paquerette porta le deuil en rose.

L'HOSPITALITÉ ÉCOSSAISE

VII

L'HOSPITALITÉ ÉCOSSAISE

I

Le colonel Dieu entra dans le compartiment 341 comme un chien dans un jeu de quilles.

Un chien qui traverse un jeu de quilles ne met en fureur que des joueurs en gaieté, tandis que le colonel mit en fureur un mari outragé.

Une jeune femme venait de donner un soufflet

à sir James Edwards. Il paraît que c'était son mari ; il le croyait, mais elle ne le croyait pas.

Ils avaient, en effet, passé par un mariage de raison ; mais, la première nuit des noces, la jeune femme, qui était une romanesque et une idéaliste, avait souffleté son mari pour l'envoyer coucher ailleurs.

Or, M. James Edwards, qui aurait dû prendre ce soufflet de femme pour ce qu'il valait, l'avait pris au sérieux, non seulement la nuit des noces, mais encore dans le compartiment 341.

Si bien que M. Dieu assista à cette scène imprévue : Un mari qui veut riposter au soufflet de sa femme par un coup de revolver !

En effet, comme il allait saluer, selon l'habitude des gens bien élevés qui entrent quelque part, même dans une église, dirait un athée, le colonel vit que M. James Edwards, la barbe hérissée, yeux flamboyants, bouche orageuse, menaçait Daniella d'un joli petit bijou à mettre dans une étagère, un revolver travaillé par une main de fée, mais donnant la mort tout comme un autre.

— Daniella poussa un cri. Le colonel, moitié souriant, moitié sérieux, dit au mari : « Monsieur, voulez-vous bien me montrer ce joli revolver? — No, no, » répondit l'Anglais.

Car c'en était un. Bien mieux, c'était un Anglais doublé d'un Indien.

Mais le colonel insista d'un ton de maître.

— Je vous dis de me donner ce revolver.

— No, never! répéta l'Anglais.

Le colonel s'approcha tout près de lui, comme un homme décidé à être obéi. Mais James Edwards Esq. désarma son bijou et le mit dans sa poche.

— Alors, c'est bien, dit M. Dieu, mais, sacré nom de Dieu, — c'est mon nom, monsieur, — si vous vous avisez de sortir le revolver de votre poche, vous aurez affaire moi.

— Go to Hong-Kong.

L'Anglais, dans un baragouin de français panaché de termes britanniques, reprocha au Français d'être entré chez lui sans être attendu. Le colonel se mit à rire et lui demanda pardon de ne pas avoir pris un ambassadeur pour se faire annoncer dans le compartiment 341. Après quoi, il voulut bien lui donner ses états de services : douze campagnes et douze blessures.

— Mais pas défiguré, dit-il en regardant la jeune femme qui, tout émue, dans son coin, le regardait lui-même avec des yeux adorables.

C'était une Écossaise : quand les Écossaises se mêlent d'être belles, elles le sont merveilleusement, comme Daniella.

M. Dieu fut quelque peu surpris de la voir tout à coup caresser un pigeon et le lancer par la portière. Après quoi, elle reprit sa belle sérénité.

Le colonel regretta alors de n'être pas un colonel du Gymnase. Il aurait voulu jouer ce jour-là les Volnys et les Bressant. Mais, grâce à Dieu, s'il n'était pas un beau soldat à l'aquarelle, il était un homme très agréable, jeune encore, figure sympathique, caractère et moustache en croc, désinvolture tout à la fois héraldique et cassante. En un mot un galant homme difficile à vivre avec ses pareils, mais n'envoyant jamais les femmes à la salle de police.

Plus M. Dieu regardait Daniella, plus M. Edwards lui paraissait horrible, un bouledogue réussi, barbe gris fer, yeux de lapin blanc, nez en trognon de pomme, six grains de beauté sur le front et sur les joues. Cet homme était si laid qu'il était beau. Balzac en eût fait un héros de roman. Il daigna lui-même donner ses états de service. Je traduis sa prose franco-anglaise : soldat aux Indes pendant six ans, pas une campagne, pas une blessure; ce qui n'était pas mal répondre aux douze campagnes, aux douze blessures du colonel; aussi M. Dieu trouva-t-il ce monstre spirituel. Il espérait, par un peu de gaieté, détourner le mari de ses colères tragiques. Il raconta qu'en France un soufflet de femme était une caresse comme une autre. Il cita ses auteurs, je crois même qu'il alla chercher des exemples dans l'antiquité : Vénus ne conquit-elle pas Mars en lui donnant un soufflet?

— Voyez-vous, monsieur, dit-il en terminant, il faut aller un jour à une séance de l'Académie des inscriptions et belles-lettres: vous en apprendrez bien d'autres.

Mais le mari outragé dit qu'il voyageait pour son plaisir.

— Ça se voit bien, dit le colonel en brûlant Daniella du regard

— Monsieur, lui dit-elle alors d'une voix qui lui alla au cœur, est-ce que nous n'allons pas traverser un tunnel ?

— Tiens ! pensa le colonel, en voilà une qui parle en français. C'est toujours ça.

A l'inverse des Anglaises, Daniella avait un accent gazouilleur qui charmait l'oreille. M. Dieu répondant à la dame, lui dit qu'ils allaient traverser le tunnel d'Anisy-le-Château.

— Singulier tunnel, dit le colonel; c'est le seul où l'on n'allume pas les chandelles.

La jeune femme pâlit.

— On me l'avait dit, murmura-t-elle en cachant mal son effarement.

M. James Edwards parut se recueillir.

— N'ayez peur, dit le colonel, on remplacera les chandelles par des allumettes-bougies.

Quelques minutes après, on entrait dans le tunnel. Comme le mari n'avait pas changé de figure et que le colonel ne voulait pas d'une scène tragique, il fit jaillir la lumière et brûla la première allumette-bougie.

A peine était-elle éteinte que le bruit d'un soufflet retentit. C'était le troisième.

Mais ce qui retentit mieux, ce fut le coup de revolver que venait de tirer le mari exaspéré.

Était-ce seulement pour faire peur à sa femme? Elle poussa un cri déchirant. Le colonel se précipita et désarma M. James Edwards, au risque de recevoir lui-même le second coup.

Ce second coup partit, mais sans l'atteindre.

— Rassurez-vous, madame, dit-il avec calme, je vais vous délivrer de ce fou furieux.

Le mari rugit. M. Dieu n'était pas sans inquiétude, mais, la lumière reparaissant, il vit qu'il y avait eu plus de peur que de mal. Daniella était presque évanouie dans son coin, mais aucune trace de sang n'accusait M. James Edwards.

— Dites-moi, monsieur, lui cria le colonel, est-ce que c'est là votre manière de faire plaisir à votre femme? En France, on vous jetterait dans une maison de fous. Quand on n'est pas content de sa femme, on s'en va : quand on est pas content de la vie, on s'en va ; mais on fait ça en galant homme, sans embêter les autres, nom de Dieu !

— Ah! ah! dit le mari, moi avoir embêté vo. *I am glad of it.*

— Et moi aussi j'en suis bien aise, car moi embêterai vo, bull-dog ; vous voyez que je sais un mot d'anglais.

Le bull-dog tourna sa colère contre sa femme, qui rouvrait ses beaux yeux pour regarder le colonel. Son mari lui montrait le poing ; elle se leva et vint, comme une colombe effarouchée, se nicher dans les bras de M. Dieu, qui ne fit pas de façons pour la recevoir. Elle le grisa du premier coup, par la senteur de ses beaux cheveux, couleur de blé mûr, et la douceur de ses beaux yeux, deux pervenches ombragées.

M. Dieu n'avait jamais été à pareille fête, non pas seulement parce qu'il n'était pas marié, mais parce que les femmes qui lui avaient passé par les mains étaient des filles d'occasion, des coureuses d'officiers plus ou moins en campagne, qui ne dédaignaient pas de tomber dans le fossé pour le soldat.

Le colonel valait mieux que cela, car il avait

une belle tête, fière et cordiale ? mais enfin l'amour poétique n'avait pas encore frappé à sa porte. Jusque-là, il mettait les femmes au second rang, plus préoccupé des lauriers que des myrtes, comme disait M. de Jouy. Il fut donc touché au cœur par les battements de cœur de Daniella. Jamais il ne s'était senti si heureux.

II

Naturellement, M. James Edwards n'était pas homme à se contenter de cette accolade. Il rugissait, mais il se recueillait. Allait-il fondre comme un vautour sur sa femme et entamer un duel à la boxe avec le colonel ? Sans doute, mais un coup de sifflet retentit ; le train s'arrêta ; on cria : Margival !

— A la bonne heure, dit le colonel en regardant le bull-dog, je vais vous faire empoigner pour qu'on vous mette dans une niche.

M. James Edwards répondit qu'il voudrait bien voir ça.

Il y a toujours, à chaque arrêt de train, un

bon gendarme qui ne dit rien, qui ne voit rien, mais qui prouve par sa seule présence que la société est sauvegardée. Le gendarme est le soldat de la civilisation, dirait M. Prud'homme, troisième du nom, s'il disait quelque chose. Le colonel descendit du compartiment, portant la jeune femme comme il eût porté un enfant ; tout aussitôt il ferma la portière et dit au gendarme.

— Vous n'avez pas peur, n'est-ce pas ?

— Non, mon colonel.

Le gendarme tremblait.

— Eh bien ! mon brave, vous allez monter dans ce compartiment ; vous y maintiendrez un fou qui a voulu tuer sa femme, voyez plutôt le revolver. Arrivé à Soissons, je le ferai appréhender au corps. S'il est bien gentil, on le renverra outre-Manche ; mais, s'il veut faire le malin, nom de Dieu ! on le f...ichera en prison, même si John Bull n'est pas content.

Le gendarme obéit, mais d'un air inquiet.

— Si mon camarade montait avec moi ?

Quoique ce ne fût pas l'heure de rire, le colonel dit au gendarme :

— Vous avez été soldat?
— Non, mon colonel.
— Singulier pays, où l'on prend maintenant des gendarmes dans le civil. Je comprends qu'il en faille deux pour avoir raison d'un homme.

Il appela l'autre gendarme. Ce fut une vraie comédie, car ils s'installèrent héroïquement dans le compartiment, quoique M. James Edwards fût descendu de l'autre côté.

Mais le mari ne retrouva pas sa femme avant que le train fût reparti. Il eut beau tendre les bras, piétiner et crier, on fut sourd autour de lui, parce que son histoire était déjà connue du chef de gare et de son personnel.

De Margival à Soissons ce ne fut qu'un roucoulement du colonel, qui se faisait la voix, car il n'était pas habitué à cela. L'Écossaise ne s'effarouchait pas de la chanson ; elle trouvait doux d'être adorée après avoir été malmenée si brutalement.

— Que diable, ma chère, faites-vous avec un pareil bouledogue?
— Que voulez-vous ? on m'a mariée malgré

moi. Mais rassurez-vous ; la première nuit de mes noces, quand mon mari est venu en chemise, une chandelle à la main, vers le lit où je tremblais comme une feuille, je n'ai jamais voulu lui permettre de se coucher. Il a voulu m'embrasser, mais je l'ai souffleté ferme, de cette petite main-là.

— A la bonne heure ; mais le lendemain ?

— Le lendemain, je m'enfuis chez mon cousin O'Connell.

— Vous êtes d'une bonne famille !

— Oui, mais famille pauvre, tandis que mon mari est fort riche.

Le cousin avait fait passer un nuage sur le front du colonel.

— Dites-moi, madame, avez-vous donné un soufflet à votre cousin ?

— Oui, car il s'est oublié et il a voulu être mon mari.

— Voyez-vous ça ? Et après le soufflet ?

— Hélas ! mon mari est survenu avec mon père ; il m'a bien fallu les suivre ; voilà pourquoi vous me voyez voyageant sans bien savoir où je vais, car mon mari m'emmenait d'abord en

Suisse; mais il s'est ravisé une fois à Cologne;
il m'a parlé de Paris pour m'apprivoiser.

— Et maintenant, où irez-vous?

— Partout où n'ira pas mon mari.

Le colonel regarda doucement Daniella.

— Je vous conduirais bien chez moi, si j'allais chez moi; mais je ne vais jamais chez moi, si ce n'est au régiment.

La jeune femme fixa son compagnon de voyage d'un air désespéré.

— Voyez-vous, madame — ou mademoiselle, — je suis venu chasser dans ce pays-ci, là-bas, sur les terres d'un de mes amis qui m'attend ce soir à dîner; je pourrais bien lui mener un chasseur, mais une chasseresse...

— Mais je chasse.

— En vérité? Après tout, il est là sans sa femme; venez chasser avec nous. Nous allons prendre un joli fusil à Soissons.

— Oh! que je suis heureuse!

On s'aimait déjà à toute vapeur.

— Tonnerre de Dieu! se dit le colonel, voilà une femme qui est bien facile à vivre, excepté avec son mari. Mais si ce n'était pas son mari ! si c'était une coureuse d'aventures.

Il fut rassuré par deux beaux yeux, deux fenêtres ouvertes sur une âme candide.

— Vous êtes gentille à croquer, madame — ou mademoiselle.

— Dites, mademoiselle.

Quand le train s'arrêta à Soissons, l'ami du colonel vint au-devant de lui et lui indiqua une jolie victoria attelée de deux chevaux anglais.

Daniella alla flatter les chevaux, tout en regardant si son mari ne la suivait pas.

— C'est ta femme, dit le colonel à M. Dieu.

— Non.

— C'est ta maîtresse ?

— Non.

— Quelle est cette dame ?

— Je n'en sais rien.

— Est-ce qu'elle vient avec nous ?

— Si tu veux. Mais il n'y a que deux places dans ta victoria.

— Il y a quatre places ; puisque je conduis, je monte sur le siège...

— Eh bien ! en route.

Pas un mot de plus.

Daniella ne fit aucune cérémonie pour prendre la place d'honneur.

— Je suis bien contente ! dit-elle en serrant la main du colonel.

— Il n'y a pas de quoi ! Vous seriez encore plus contente si votre cousin était à ma place.

M. Dieu était jaloux.

— Diable ! diable ! dit-il, voilà que j'aime cette femme, je le sens bien, puisque la jalousie m'empoigne !

Et le mari ? Le colonel, descendant du train, l'avait recommandé au chef de gare de Soissons, un vieux loup de mer qu'il connaissait bien. Il faut dire, à la louange des deux gendarmes, qu'ils avaient mis la main sur M. Edwards, quand il était remonté dans le compartiment 341, à cause de son sac de nuit, renfermant la moitié de sa fortune. Il lui fallut parlementer à Soissons, pendant que sa femme courait les champs.

En moins d'une demi-heure, on fut au château, au milieu d'un beau parc, dans un pays charmant, non loin du château de l'évêché, qui est aujourd'hui à une grande cocotte passée au bleu des anges.

Gai dîner où les deux amis riaient des naïvetés charmantes de Daniella. La mariée s'épanouissait avec délices, comme une rose jusque-là comprimée par les jours de froid. Elle s'étonnait de rire.

— J'étais si triste ! disait-elle souvent.

— Pourquoi étiez-vous si triste ?

— C'est que là-bas, en Écosse, il neigeait sur moi.

On lui donna le plus beau lit du château, après celui de la châtelaine.

— Dormez en paix, lui dit le colonel au seuil de la chambre. Je suis trop bien élevé pour recevoir un soufflet à mon tour.

Il dormit mal.

— Qui sait ? se disait-il, elle ne se fâcherait peut-être pas si j'allais lui tenir compagnie !

Mais cet homme, qui n'avait pas peur du feu, qui s'était battu comme un héros à Mars-la-Tour et à Orléans, n'osa point faire un pas de plus.

III

Le lendemain, on chassa dans le parc, pas plus loin, par égard pour les petits pieds de Daniella. Elle tua sans sourciller trois faisans et un cygne qui n'étaient pas de la fête.

— Voilà, dit le colonel, la femme de mes rêves : la femme qui fait le coup de feu.

Le soir venu, il fallut que l'ami retournât à Paris.

— Pourquoi ne restez-vous pas avec nous? dit Daniella, comme si elle eût été chez elle.

— Parce que, si je ne retournais pas ce soir, ma femme serait ici demain matin.

— Eh bien! adieu, dit Daniella; offrez-lui un de mes lièvres et un de mes faisans.

Le colonel paraissait inquiet.

— Voilà qui est bien, dit-il; mais, s'il faut qu'il retourne à Paris, il faut aussi que je retourne à mon régiment.

— Ne le croyez pas, dit l'ami, qui voulait être hospitalier, même quand il n'était pas là ; un colonel se donne à lui-même des congés.

— Enfin, dit M. Dieu, nous en parlerons demain.

Les voilà donc, lui et elle, tout seuls au château. C'était par un de ces soirs de septembre qui présagent l'hiver. La pluie tombait fine d'un ciel gris ; aussi, en attendant le dîner, on alla s'asseoir devant la grande cheminée de la salle à manger.

— Oh ! qu'on est bien ici, dit Daniella !

M. Dieu était pensif.

— A quoi pensez-vous, mon colonel?

— Je pense que je voudrais avoir dans mon régiment un joli petit chasseur comme vous.

— Oui, engagez-moi dans votre régiment ; là, je n'aurai plus peur de mon mari.

Il semblait que le souvenir de son mari la glaçât, car elle se rapprocha du feu.

— Non, lui dit M. Dieu, ouvrant ses bras ; faites comme dans le compartiment : nichez-vous là.

Sans bégueûlerie, le plus naturellement du monde, elle vint s'asseoir sur les genoux du colonel et se pelotonna dans toutes les effusions du flirtage.

Le feu flambait dans les cœurs comme dans l'âtre. Le colonel et Daniella auraient voulu rester ainsi tout un siècle.

Ils ne se disaient rien, tant ils se parlaient des yeux. Le colonel finit par reprendre la parole.

— Et quand on pense, dit-il, que vous allez retourner à votre cousin ou à votre mari ?

— Non, *I love you !* répondit-elle, en embrassant M. Dieu.

— Voyons, soyez franche : je sais que ce matin vous avez envoyé une dépêche à votre cousin, qui vous a suivie jusqu'à Bruxelles.

— Oui, je lui disais de venir me prendre à Soissons; mais ce matin je n'avais pas encore chassé avec vous.

Le colonel regarda doucement Daniella.

— Tais-toi, petite engeôleuse : Tu me ferais croire que je t'aime.

— Je ne sais pas si vous m'aimez, mais moi je vous aime.

M. Dieu soupira.

— Allons donc, vous m'aimeriez avec mes douze blessures — mes quarante années, bien écrites sur ma figure, — et les années de campagne comptent double.

Daniella s'était détachée du colonel et renouait ses beaux cheveux en rébellion.

— Allons, dit-il, voilà que l'oiseau s'est envolé.

Il flottait entre sa raison et son rêve.

— Dites-moi, Daniella, savez-vous jouer aux cartes ?

— Non, contez-moi plutôt une histoire.

— Je n'en sais pas.

— Contez-moi la vôtre.

Le valet de chambre dit alors tout haut : « Madame est servie ! »

IV

On dîna, on fut tour à tour gai et sentimental.. Le vin de Champagne mit sa pointe et sa lumière dans l'esprit des amoureux. On continua à se charmer. Ils étaient en face l'un de l'autre. Daniella vint se mettre à côté du colonel. On finit par boire dans le même verre.

— Cela se fait en Écosse dit-elle en français.

— Tout est bien dans votre pays, dit M. Dieu; mais, quand vous êtes en France, accordez-vous l'hospitalité écossaise de votre chambre à coucher ?

La mariée sans mari rougit et dit que non.

— Alors je n'ai plus rien à faire ici, puisque, après vous avoir adorée, je ne puis pas vous aimer. — J'oubliais ! dit le colonel. Pourquoi diable avez-vous lâché un pigeon entre Anisy et Soissons. C'était une manière d'écrire à votre cousin.

— Vous devinez tout.

— Quoi encore.

— Vous devinez que je vous aime.

— Je ne comprends pas bien le français, mais vous me l'apprendrez, mon colonel.

On se remit au coin du feu, on prit le café, on conta des histoires ; de temps en temps, Daniella allait retrouver son nid dans les bras du colonel.

C'était charmant, par la grâce naïve de l'Écossaise et par la douceur enjouée de l'homme de guerre.

V

On arriva ainsi à onze heures du soir. Tout à coup le valet de chambre vint avertir qu'un étranger, qui venait de Soissons à bride abattue, demandait à parler — à Madame.

— Sacré nom de Dieu, dit le colonel, je vais lui parler, moi.

— O ciel ! c'est mon mari ! s'écria Daniella.

Le colonel sortit de la salle à manger. La jeune femme se cacha sous un rideau.

— Quand ce serait le diable !

— Non, dit en rentrant le colonel, ce n'est pas votre mari, c'est votre cousin. Que vais-je lui dire ?

M. Dieu était pâle comme s'il eût reçu un coup au cœur.

— Eh bien ! dit Daniella en penchant la tête sur le sein du colonel, dites-lui...

— Quoi ? parlez !

— Dites-lui qu'il aille rejoindre mon mari.

Le colonel obéit. Quand il parlait, il n'y avait pas de réplique : Le cousin, tout en s'indignant, reprit la route de Soissons.

Daniella, effrayée d'avoir été trop douce à M. Dieu, lui dit un bonsoir presque glacial et s'envola vers sa chambre à coucher, une vraie chambre nuptiale, toute blanche par les tentures et par le lit.

Cette fois, le colonel alla frapper à la porte.

— C'est moi, Daniella, n'ayez pas peur.

— J'ai peur... parce que c'est vous...

— Je viens vous demander l'hospitalité écossaise.

Daniella ouvrit-elle la porte ?

VI

Le lendemain elle chassa avec le colonel sans regarder du côté de l'Écosse.

LA SIXIÈME LUNE DE MIEL

— Ce fiacre, c'est l'enfer. — Madame, c'est le paradis.

VIII

LA SIXIÈME LUNE DE MIEL

I.

Quand on donna chez la duchesse cette jolie mascarade du Directoire où Blanche représentait Mme Récamier, tout le monde cria au miracle de sa grâce et de sa beauté.

— Et elle est si heureuse !
— Et il est si heureux !

Ils étaient heureux, mais dans la période du bonheur qui s'endort. Le soleil avait dépassé son zénith pour descendre à l'horizon ; les nuages ne le cachaient point encore, mais ils montaient déjà vers lui.

Donc, c'était le bonheur à son déclin. M. de Chavannes trouvait que sa femme était la plus adorable des créatures, jolie, spirituelle, taquine, le cœur et l'esprit toujours en éveil. Mais enfin il commençait à connaître son répertoire. Elle lui semblait moins imprévue ; il devinait le mot qu'elle allait dire ; il avait dénoué tous les masques ; il la perçait à jour. Or, pour certains hommes, l'amour est comme la mode qui vit de nouveauté ; heureusement que pour certains autres l'amour est un égoïsme à deux qui rebâtit toujours sa chaumière en ruines de Philémon et Baucis.

Par bonheur, Blanche s'aperçut elle-même qu'elle se répétait souvent ; c'est là le défaut des femmes babillardes : elles en abattent, elles en abattent jusqu'au jour où il n'y a plus à fagoter dans la forêt.

Le femmes silencieuses sont bien plus près

de la sagesse; leur esprit est un puits dont on ne connaît jamais le volume d'eau; la vérité se montre quelquefois sur la margelle, mais le plus souvent elle se cache dans les ténèbres, tandis que les babillardes vous éblouissent d'abord par les diamants d'une source vive qui s'épuise bientôt en roulant sur le sable.

— Maurice, dit un jour Blanche à son mari, tu n'écoutes plus les jolies choses que je te dis.

— C'est peut-être vrai, répondit-il, mais je suis comme un homme ébloui par le soleil, je finis par aimer l'ombre.

— Tu te moques de moi, je ne dirai plus rien.

— Je ne suis pas inquiet. C'est là le privilège de l'esprit, d'être toujours prodigue.

Pendant quelques jours Blanche joua la silencieuse. Maurice avait beau lui jeter des points d'interrogation, elle se taisait. Cela le reposait, mais cela la fatiguait de ne plus parler. Il ne faut jamais chasser le naturel; aussi, le soir, dans le monde, elle s'en donnait à cœur joie : ne s'étant pas dépensée dans la journée, elle était plus éblouissante que jamais. Mais tout en babillant dans un cercle de vagues adorateurs et de femmes qui n'avaient rien à dire, elle suivait de l'œil son mari et remarquait avec chagrin qu'il n'avait plus sa figure rayonnante des premiers jours heureux..

Que faire, pour ramener Maurice aux blanches clartés de la lune de miel? Si jamais il allait s'amuser ailleurs, pour ne pas s'ennuyer chez lui? Blanche n'était pas femme à jeter les cartes, après avoir gagné la première partie. Mais comment conjurer le dieu Hasard, qui retourne la dame quand il faudrait retourner le roi.

II

Dans un dîner chez la comtesse de Cormeilles, Blanche s'aperçut que Maurice, placé en face d'elle, était fort occupé de sa voisine. Il paraissait ne pas s'ennuyer du tout en l'écoutant parler:

— Ce que c'est que de n'avoir pas d'esprit, dit Blanche avec fureur, en voilà une qui a toujours parlé, et qui n'a jamais rien dit. Eh bien!

Maurice ouvre la bouche pour boire ses paroles, comme si elle lui versait une coupe de perles et de diamants.

Tout justement le voisin de Blanche lui dit alors, dans le pur langage du faubourg Saint-Germain :

— Il paraît que votre mari ne s'embête pas en face de nous avec la belle vicomtesse.

— Oui, dit en riant la jeune mariée, celle que nous appelions au Sacré-Cœur : Élisa*beth* et la belle.

— Je sais, et vous ne manquiez pas de souligner la dernière syllabe d'Élisa*beth*. Que voulez-vous, c'est déjà beaucoup d'être belle.

— Je crois bien, la beauté est le premier trait d'esprit d'une femme.

— Et le second, c'est son cœur.

— Monsieur mon voisin, vous parlez comme un livre.

— Madame, la différence entre nous deux, c'est que je parle comme un livre qu'on a lu et que vous parlez comme un livre qu'on n'a pas encore lu.

Après le dîner, Mme de Cormeilles prit très

amoureusement le bras de Maurice, s'appuyant et s'abandonnant avec une grâce affectée : un peu plus elle s'enroulait autour de lui.

— Voyez-vous ce serpent, murmura Blanche, que la jalousie mordait au cœur.

Elle ne joua pas la même comédie avec son voisin de table, elle alla se cacher dans un des petits salons, où il n'y avait personne, pour voir si son mari la chercherait.

Il ne la chercha pas.

Et pourtant elle était adorable ce soir-là ; robe en indou blanc et en surah merveilleux avec flocons de dentelles ; le corsage était un rêve, quoiqu'il ne renfermât pas deux chimères ; ruban sur l'épaule pour mieux accentuer le nu du bras. On n'avait jamais si bien déshabillé une femme du monde. Sous les cheveux relevés à la Diane, quelques touffes rebelles caressaient un cou qui appelait toutes les lèvres.

— Ce n'est pas la peine d'être belle, dit-elle, en se mirant dans une attitude exquise tout à la fois coquette et abandonnée.

Comme Mme de Chavannes ne savait pas

renfermer ses émotions, elle avisa une de ses amies qui lui avait dit la veille : « Es-tu assez « heureuse ! »

— Comprends-tu, ma chère Emma, que mon mari puisse s'amuser aux propos éloquents que lui débite Élisa*beth !*

— C'est un comble, dit l'amie ; mais, c'est égal, veille sur ton mari, car toutes les femmes le trouvent trop beau.

— Je ne puis pourtant pas le mettre sous clef.

— Non, mais ne lui donne pas la clef des champs ! — et ne la prends pas toi-même.

La vérité, c'est que M. de Chavannes était trop beau pour un homme seul : il n'avait pas à se mettre en quatre pour que les chercheuses d'aventures lui fissent tourner la tête de leur côté. Il y a toujours à Paris, dans les hautes régions mondaines, trois ou quatre hommes qui sont maîtres du champ de bataille, parce que les femmes sont toutes des brebis de Panurge. Elles vont aveuglément où va la première. Don Juan aura éternellement raison : prendre une femme haut la main, c'est les prendre toutes, — je parle de celles qui se laissent prendre. — Et plus les femmes sont malheureuses avec lui, plus le flot monte et le submerge. Le poète espagnol n'a-t-il pas dit que Don Juan pouvait prendre un bain dans les larmes de ses victimes ? Maurice allait-il en arriver là ? On lui promettait de le proposer pour le prix Montyon. Les femmes sont ainsi faites, qu'elles n'aiment pas le bonheur — des autres.

III

Une de ces railleuses dit un jour à Maurice :

— Voyons, il est temps de commencer votre cinquième ou sixième lune de miel avec une autre amoureuse, pour voir si c'est toujours la même chose.

Or, voici ce qui arriva. Maurice était d'un cercle, comme presque tous les mondains. Quoiqu'il fût absolument le mari — et l'amant — de sa femme, il n'avait pas brisé avec toutes les demi-mondaines. Quelques-unes lui écrivaient encore pour ceci ou pour cela, — question d'argent ; — car il était couché sur le grand-livre de la dette publique de ces dames.

Naturellement toutes ces lettres lui arrivaient au cercle.

Un matin, il regarda à deux fois avant de briser le cachet d'une enveloppe japonaise. Ce cachet à la cire représentait une couronne de princesse, une couronne fermée sur un écusson sérieux. Il respira le parfum de la cire et de l'enveloppe.

— D'où diable cela vient-il ? C'est un parfum tout nouveau pour moi : violette et lys.

En ouvrant le billet, il trouva que l'écriture était d'une haute distinction ; aussi prit-il un vif plaisir à lire ces quelques mots :

« Je vous aime ! Je voudrais vous dire cela
« avec un masque. J'ai vingt-trois ans, pas un
« mois de nourrice en plus. Voyez mon por-
« trait, pour savoir si je suis belle. Voulez-
« vous perdre une heure à causer avec moi ?
« Oui, n'est-ce pas ? Passez ce soir avenue
« Montaigne, à dix heures, mais non pas dans
« votre coupé ; prenez la première voiture ve-
« nue, si elle est fermée. Je descendrai de l'hôtel

« d'une de mes amies. Nous ferons un tour au
« Bois ; mais jurez-moi vos grands dieux que
« vous ne soulèverez pas mon triple voile. Le
« bonheur se cache ; moi je veux cacher ma
« figure, comme mon bonheur. Il me semblera
« que mon crime sera à moitié pardonné.

« Celle qui ne dit pas son nom. »

Tout en lisant, Maurice avait regardé la petite photographie que renfermait l'enveloppe. C'était une très jolie figure, animée par les plus beaux yeux du monde ; la bouche était cruellement voluptueuse dans son sourire félin, les lèvres s'entr'ouvraient charmeuses et gourmandes. Maurice était ravi ; mais il regretta de voir le cou, les épaules et le sein tout encharibotés de fourrures.

— Diable ! dit-il, s'il y a trois voiles avec tout cela, je ne vois pas bien ce qu'il y aura à mettre sous les dents !

Tout homme a son confident : Maurice ne put s'empêcher de montrer cette lettre à un ami du Club.

— Que ferais-tu à ma place ?

— La belle question ! j'irais au rendez-vous.

— Et si les trois voiles cachaient une vieille folle ?

— Non ; je respire la jeunesse dans ce billet doux.

— Et bien ! vas-y ; moi je ne suis pas familier à ces plaisirs-là.

— Je comprends ; tu as le bonheur chez toi, tandis que moi je suis obligé de courir après.

Un silence.

— Mais, mon cher Maurice, je ne puis pas jouer ce jeu-là. Dès que la dame verra que ce n'est pas toi, elle se jettera hors de la voiture. Elle n'y montera même pas.

— Tu es bête ! elle cherche une aventure : un homme en vaut un autre.

— Tu ne sais pas ce que tu dis. Je te rends ton billet. C'est à toi de continuer le roman.

IV

Maurice resta indécis toute la journée ; peut-être ne fût-il pas allé au rendez-vous, s'il n'eût trouvé dînant chez lui la sœur de sa femme, tout un contraste : pas jolie et pas spirituelle.

A neuf heures, il dit qu'il lui fallait aller à une réception ministérielle.

— Va où tu voudras, puisque ma sœur est avec moi; j'irai peut-être la conduire chez ma mère.

Maurice, qui demeurait près de l'Arc-de-Triomphe, descendit l'avenue des Champs-Élysées, tout en fumant un cigare inspirateur. Comme il remontait au rond-point, il vit que l'horloge des fiacres marquait dix heures moins dix minutes : c'était l'heure et le moment.

Il monta tout simplement dans une citadine qu'il conduisit presque au bout de l'avenue Montaigne, vis-à-vis le château gothique du comte de Quinsonas.

Il n'attendit pas longtemps; une femme tout en noir, qui lui parut grande et qui ne montrait pas ses talons, vint droit à la voiture. Il se précipita pour lui offrir la main. Elle monta d'un pied léger. Comme elle l'avait dit, elle était masquée d'un triple voile.

La voiture était déjà en route, car M. de Chavannes avait donné ses ordres au cocher.

— Princesse, dit-il en lui serrant la main, vous êtes dans une armature de fer : déshabillez au moins votre main.

— Oh! pas maintenant; demain, peut-être. Ne trouvez-vous donc pas que c'est déjà se toucher de bien près quand on se parle en tête à tête. Les paroles sont presque des actions.

Ce seul mot prouva à Maurice qu'il n'était pas en mauvaise compagnie. Il ne perdit pas son temps en phrases météorologiques, ne s'inquiétant pas du temps qu'il faisait.

A l'Arc-de-Triomphe, M. de Chavannes avait obtenu que la dame déboutonnât à moitié son gant.

— Pas un bouton de plus! dit-elle d'un air déterminé.

Il fallut bien que Maurice se contentât d'embrasser un petit coin du bras. Mais quel bras! mais quelle chair! mais quelle senteur amoureuse! Il était aux anges et aux diables.

Sa femme était bien loin!

Quand on fut aux premiers arbres du Bois, la dame voulut qu'on rebroussât chemin. Maurice eut beau supplier et se jeter à genoux, — ce qui est une des poses de Don Juan, parce que Don Juan sait se relever, — la dame fut héroïque. Maurice eut peur de tout gâter.

— Voyez-vous, lui dit la dame, figurez-vous que c'est un roman-feuilleton, je vous ai donné une part de moi-même : mon cœur et mon bras, sans parler d'un baiser que vous m'avez volé sur le cou. La suite à demain.

On n'est pas plus engageante. Maurice fut ensorcelé. Il reconduisit la dame avenue Montaigne, et s'en alla au cercle, convaincu qu'il triompherait de cette vertu de princesse à couronne fermée. Il n'était pas plus fat qu'un autre; mais l'idée qu'il enjôlait une princesse chatouillait agréablement sa vanité.

V

Ah! par exemple, le second jour, il ne se laissa plus prendre. Déjà, à la première rencontre, il avait presque reconnu sa femme à certaines manières de la princésse. Mais quelle idée aurait eue Mme de Chavannes de jouer ce jeu ? D'ailleurs, la princesse lui paraissait plus grande et plus désinvoltée. Ce jour-là, il ne douta plus de la comédie, ce qui l'amusa beaucoup. Et comme il voulait amuser sa femme, il tenta de brusquer l'aventure ; mais M™° de Chavannes fut encore imprenable. Et pour se défendre mieux, elle lui parla de sa femme. Ici, le mari joua bien son jeu.

— Ah! que me dites-vous là, princesse? Pourquoi me rappeler si mal à propos une femme que j'adore ? Vous seule pouvez un instant me la faire oublier.

La fausse princesse devint plus caressante.

— Il est passé, dit-elle, le temps des amours éternelles. Quand on se marie, on marie deux fortunes et non deux cœurs.

— Vous vous trompez, princesse : je me suis marié corps et âme.

M™° de Chavannes était ravie : un peu plus, elle se jetait dans les bras de son mari ; mais elle voulait jouer son rôle jusqu'au bout.

— J'en suis fâché, monsieur, vous m'avez pris le cœur, et je n'aurai pas la grandeur d'âme de vous renvoyer à votre femme. N'a-t-elle pas eu déjà quatre ou cinq lunes de miel?

Sur ce mot, elle embrassa voluptueusement M. de Chavannes sans pourtant lever son triple voile.

— A demain! lui dit-elle.

Maurice trouvait un vif plaisir à continuer cette aventure. N'était-ce pas étudier sa femme de plus près? Était-il sans inquiétude pour l'avenir avec une si parfaite comédienne, qui avait pu déguiser sa voix, son esprit, ses attitudes?

Il rencontra son ami du Club qui lui parla de l'aventure :

— Eh bien! es-tu heureux?

— Je crois bien! Tu as manqué là une rude bonne fortune.

— Voyons, dis-moi le nom de la dame?

— Je ne te le dirai jamais.

— Ce Maurice! profond comme la mer et muet comme la tombe!

Nous voici au troisième rendez-vous.

La voiture avait suivi le même chemin que la veille; mais une fois au bout du lac, les chevaux s'étaient égarés dans les chemins perdus de la cascade. On s'en revint par l'allée des Acacias ; l'amoureuse appuyait doucement sa tête sur l'épaule de Maurice ; elle lui avait permis de l'embrasser sous son triple voile. Et quels savoureux embrassements !

— A minuit, lui dit-elle doucement, vous me verrez chez la duchesse de C...; si vous m'aimez, vous me reconnaîtrez sans m'avoir vue, et vous me reconduirez chez moi. Ce sera le dernier mot.

— Le mot de la fin, dit Maurice en pressant Blanche sur son cœur.

VI

Il était minuit et demi quand Maurice entra au bal ; naturellement il eut hâte de traverser les quatre salons comme pour retrouver sa princesse. Il semblait dévorer toutes les femmes du regard. Il passa tout un demi-quart d'heure à cette jolie course au clocher.

A la fin, comme il se trouvait tout près de sa

femme, elle lui fit signe et lui montra un fauteuil :

— Monsieur mon mari, dites-moi, d'où vous vient cet air victorieux et inquiet?

— Je cherche.

— Vous trouverez; mais en attendant contez-moi ce que vous avez fait ce soir.

— Rien du tout.

Disant ces mots, Maurice regarda sa femme qu'il n'avait pas bien regardée depuis huit jours.

— Comme vous êtes belle, aujourd'hui.

— Je suis comme vous, j'ai l'air victorieux et inquiet. A propos, on m'a dit que vous étiez amoureux d'une belle princesse?

— Moi, pas pour deux sous.

— On m'a dit que ce soir on vous avait reconnu dans l'allée des Acacias, en tête à tête avec une femme tout en noir. Vous savez qu'on en parle autour de nous; mais je n'y crois pas, et vous?

— Moi non plus.

— J'imagine que vous n'avez pas baissé les stores. Il est vrai qu'il n'y a pas de lune.

Maurice regardait bien sa femme, tout émerveillé de la voir si bonne comédienne.

— Monsieur mon mari, on vous accuse même d'avoir volé le mouchoir de la dame pour pouvoir la reconnaître. Mais pas si bête, l'amoureuse! car c'était un mouchoir sans couronne et sans chiffre... Maintenant vous pouvez retourner à la duchesse; moi je vais demander ma séparation de corps, puisque je tiens toutes les preuves.

Maurice, riant sous cape, dit à sa femme :

— Chut! ne parlez pas si haut.

— Si, monsieur, je parlerai haut ; je dirai que ce soir, à onze heures, on a surpris Monsieur et Madame de Chavannes dans l'allée des Acacias, recommençant leur sixième lune de miel.

— C'était toi ! s'écria Maurice le plus naturellement du monde.

— C'était moi, sous la figure d'une autre : voilà pourquoi je t'ai retrouvé comme au premier jour.

— Blanche, tu es une femme de génie : tu serais capable de me faire voir la centième lune de miel !

— N'en doute pas, puisque je t'aime.

— Oh! je ne m'y fie pas! Une femme qui à ses débuts joue si bien les travestis est capable de se risquer dans une seconde aventure pour voir s'il n'y a pas d'autres lunes de miel que celles du mariage.

LES VISIONS DE LUCIA

IX

LES VISIONS DE LUCIA

I

Adieu ! Lucia. N'oublie pas la légende du bien et du mal.

C'était la vicomtesse d'Harcours qui parlait ainsi à sa fille.

Lucia, toute éplorée, les cheveux épars, étouffant ses sanglots, soulevait la mourante dans ses bras. « Ma mère, ma mère, je ne veux pas que tu meures. » Mais la mort était là qui prit la mère et toucha l'enfant.

Lucia avait quinze ans. On l'avait appelée du couvent sur l'ordre de la comtesse qui ne voulait pas mourir sans revoir une dernière fois cette adorable figure de vierge, détachée des fresques de l'Ange de Fiésole.

Elles n'étaient plus que deux au monde, la mère et la fille. La mère retourna à Dieu, la fille retourna au couvent. Le château d'Harcours, cette belle ruine solitaire de l'Orléanais, ne fut plus hanté que par les chouettes.

Pourquoi la mère mourait-elle si jeune et pourquoi parlait-elle de la légende du bien et du mal ? On disait là-bas que son mari s'était tué à ses pieds par jalousie et qu'il se vengeait au delà du tombeau. On disait aussi que sa vengeance frapperait Lucia qui portait son nom, mais qui n'était pas sa fille.

Jusqu'à dix-sept ans, Lucia, toute en Dieu, ne pensa qu'à revêtir la sombre robe des carmélites ; mais, tout d'un coup, il y eut un réveil dans cette jeune fille. C'est que ce jour-là elle se vit belle dans son miroir. Il lui sembla qu'elle était appelée, elle aussi, aux joies de la vie.

Elle avait une tante à Paris, une mondaine prodigue qui comptait déjà sur la fortune de la carmélite pour doter ses filles ; aussi ne fut-elle pas peu surprise d'apprendre que sa nièce était retournée au château d'Harcours.

Elle lui écrivit et lui représenta qu'elle était bien jeune pour habiter une pareille solitude. Mais la jeune Lucia répondit que cette solitude lui était douce pour vivre dans le souvenir de son père tué à la bataille d'Orléans, et de sa mère morte en pleurant son père ; ces deux souvenirs seraient sa sauvegarde.

C'était au temps des vacances, la tante emmena ses filles au château pour revoir de près cette jeune folle qui voulait vivre de la vie et non s'enterrer vivante. Lucia fut charmante pour sa tante et ses cousines.

— Vous n'y perdrez rien, leur dit-elle gentiment, j'avais dit que ma dot serait partagée par mes deux cousines. Nous ferons trois parts, au lieu d'en faire deux, et d'ailleurs, qui sait si je me marierai jamais, car je me sens bien sauvage.

En effet, Lucia aimait les bois, les ravins, les chutes d'eau. Il ne se passait pas de jour qu'elle ne songeât à retourner au couvent; la gaieté babillarde de sa tante et de ses cousines l'irritait jusqu'aux larmes, quoiqu'elle les aimât toutes les trois. Elle aspirait au temps où elle se retrouverait seule. En attendant, la mode avait ses grandes entrées au château; Lucia était métamorphosée en Parisienne, tandis que tout un ameublement Louis XVI panaché de japonisme transformait les salons, la salle à manger et les chambres habitables. On pouvait se permettre quelques folies sur l'inspiration de la tante, car la fortune de Lucia lui donnait cent cinquante mille livres de rente.

Après un mois de séjour au château, où on ne recevait que trois ou quatre familles provinciales, oubliées et embéguinées, la tante et les cousines reprirent la route de Paris à toute vapeur, quelque peu surprises de voir que la châtelaine ne voulait pas être du voyage. Que erait-elle là, seule pendant tout un hiver, avec une gouvernante revêche et des serviteurs qui semblaient des fantômes, tant Lucia leur avait imprimé par sa dignité silencieuse le caractère de la solitude ?

— Enfin nous respectons ta volonté, lui dit la tante, en l'embrassant, tu vas mourir d'ennuis, tu es bien heureuse que je t'aie abonnée à *la Vie parisienne*, et à *l'Art de la Mode*.

— Oh ! ma tante, je ne lirai pas de journaux.

Lucia savoura pendant quelques jours le plaisir d'être seule ; elle alla plus souvent au cimetière, elle ne manqua pas la messe un seul jour.

Elle poursuivait ses rêveries dans les sentiers perdus du parc, s'égarant jusque dans les bois voisins. Le soir, elle lisait beaucoup ; ses romans, c'était la vie des Saintes ; elle regrettait de ne pouvoir, à son tour, marquer une légende dans l'histoire chrétienne.

Elle avait pourtant des aspirations mondaines. Le matin, devant sa psyché, elle ne pouvait s'empêcher de sourire à sa beauté, comme on sourit au ciel, aux lys et aux roses, comme on sourit à la chanson et à la mélodie. Ce n'était pas la beauté rayonnante des filles d'Ève : ce n'était que la vision de la beauté. Je ne sais quoi d'idéal et de divin ; mais comme l'âme illuminait la figure, les grands yeux bleus sous les cils noirs avaient une éloquence extrahumaine.

La gouvernante eut peur un jour de la voir suivre bientôt sa mère ; sans lui rien dire, elle la mit à un régime tonique ; comme elle était en pleine sève, elle reprit plus fortement racine ; ses pâleurs se colorèrent gaiement ; la grâce succéda à la délicatesse ; ses bras en fuseaux s'arrondirent ; ses seins effacés soulevèrent sa robe. Ce fut une demi-métamorphose, grâce aux gelées de gibier et au vin de Château-Yquem, sans que Lucia s'aperçût de cette autre manière de vivre.

Un matin d'hiver, après avoir pendant quelques jours admiré les blancheurs de la neige, Lucia partit pour Paris, où elle surprit sa tante et ses cousines par sa beauté plus vivante.

« Hélas ! dit la plus jeune des cousines, qui n'était pas jolie, si j'avais la figure de Lucia, je me passerais bien de dot. »

Lucia, sans se faire trop prier, voulut bien

aller dans le monde; mais comme elle était inconnue partout, elle supplia sa tante de ne jamais dire qu'elle fût riche, de la représenter au contraire comme une orpheline pauvre, bien plus près du couvent que du mariage.

II

En ses derniers jours, Mme d'Harcours avait dit à sa fille : « Si tu dois te marier, je veux que tu épouses Henry. »

Henry, c'était le fils d'un ami de M. d'Harcours, tué comme lui à la bataille d'Orléans. Le fils était alors lieutenant au 2e chasseurs d'Afrique. Il connaissait le vœu de la mourante ; mais, ayant appris qu'elle se voulait faire carmélite, il s'était retourné vers la première des deux cousines que devait doter Mlle d'Harcours.

Voilà pourquoi Lucia, le second jour de son arrivée à Paris, avait rencontré M. Henry Malville chez sa tante. Il était en congé pour les derniers mois de l'hiver. Il ne lui plut pas à première vue, aussi fut-elle contente quand elle s'aperçut qu'il était en conversation très familière avec une de ses cousines.

— Jeanne, lui dit-elle, je veux que tu épouses M. Henry Malville ; s'il ne faut pour te décider qu'un collier de perles, je te donnerai le mien.

Quelle est donc la jeune fille qui refuserait un collier de perles et un mari ? — et un mari dans le galant uniforme des chasseurs d'Afrique, bronzé par le soleil, yeux fiers, moustache retroussée ? Jeanne accepta d'abord le collier de perles.

Si Lucia avait parlé ainsi, c'était dans la peur d'aimer Henry Malville.

III

A quelques jours de là, les deux cousines jouèrent chez la duchesse de *** une comédie de paravent faite tout exprès pour elles. Elles la jouèrent à merveille, avec un jeune premier, sans théâtre, quoi qu'il fût charmant et que Delaunay l'eût stylé dans la tradition des talons rouges.

Lucia fut ravie de la comédie, des comédiennes — et du comédien.

— Moi aussi, dit-elle, je voudrais bien jouer la comédie ; ce doit être si amusant de n'être plus soi et de jouer un autre rôle dans la vie.

Cela ne tomba pas dans l'oreille d'un sourd. Un ami des cousines, Henry Meilhac, qui aime la beauté dans toutes ses expressions, dit à Mlle d'Harcours qu'il lui ferait une comédie.

— Oui, dit-elle, comme emportée à son insu. Une comédie. Mais faites-moi un rôle de sacrifiée, car j'aime les larmes.

— J'ai trouvé, dit Meilhac, qui ne cherche pas longtemps. Il me faut trois femmes et deux hommes, vos deux cousines et vous. La pièce s'appellera *les Trois cousines*. Nous avons déjà un amoureux. Nous en trouverons un autre.

Henry Meilhac aurait bien voulu jouer l'autre amoureux, il se contenta d'indiquer Berton.

J'oubliais de dire que l'autre amoureux, un nom bien connu dans la magistrature, avait pris le pseudonyme de La Grange, l'amoureux idéa de la troupe de Molière.

La comédie fut bientôt apprise et bientôt

jouée. Bientôt apprise je me trompe, on passa trois semaines à répéter tous les jours dans le salon de la tante. Lucia y trouvait un plaisir inouï. Elle avait tout oublié : le couvent, le château, les sentiers perdus, la vie des Saintes, les blancheurs de la neige.

Est-ce parce que le lieutenant de chasseurs venait aux répétitions ? Pas le moins du monde. Quoiqu'il fût charmant avec elle, Lucia l'abandonnait à sa cousine. Plus d'une fois, le soir, quand elle se retrouvait seule, elle ressentait les terreurs du vertige comme si un abîme s'ouvrait sous ses pieds, mais c'était l'abîme rose, l'abîme parisien, l'abîme qui chante. Un philosophe a dit que plus la femme était près du ciel, plus elle était près de sa chute. L'eau des fontaines se trouble plus vite que l'eau des torrents. Le voyageur qui touche aux sommets touche aux précipices.

Est-ce que cette adorable Lucia, qui n'a hanté que les anges, qui n'a jamais touché de son joli pied les fumiers de la terre, ne s'ensevelira pas un jour toute blanche dans sa vertu?

L'amour l'a prise et lui a donné toutes les

ivresses, elle a voulu jouer un autre rôle dans la vie, elle joue le rôle d'amoureuse, elle le joue avec passion dans tous les nuages orageux qui cachent le ciel.

A la répétition, quand M. de La Grange lui dit qu'il l'aime à en mourir, elle pense qu'elle en mourra. Elle n'ose descendre dans son cœur, elle n'ose s'avouer les charmeries de ce comédien qui met tant d'art dans sa passion, ou plutôt tant de passion dans son art. Pour elle, c'est l'idéal des hommes. Grâce à lui, elle a perdu son point d'appui sur la terre, c'est-à-dire sa foi en Dieu : elle était toute âme, elle est tout cœur. Quand elle revient à la raison, elle s'effraye ; mais tel est l'empire de cet homme, qu'elle se rejette vers lui avec affolement.

Enfin on joua la comédie ; son émotion la servit, tout le monde fut touché et ravi. On déclara que jamais on n'avait aussi bien joué la comédie dans le monde. C'est qu'il y avait moins de jeu que de naturel, c'est que c'était l'amour lui-même qui parlait par cette bouche de dix-huit ans qu'un baiser voluptueux n'avait jamais profanée.

IV

On arrivait à la semaine sainte. Bien qu'on parlât d'une autre comédie et que la duchesse de C*** priât Lucia de donner une seconde représentation des *Trois cousines*, Lucia se retourna vers Dieu et s'enfuit au château d'Harcours.

Pourquoi ? Elle ne le savait, ou plutôt elle le savait bien : elle avait peur de sa joie amoureuse. Elle ne voulait plus voir M. de La Grange, elle jurait de ne plus quitter la solitude.

En passant à Orléans, sa gouvernante s'était attardée dans sa famille. Au château, Lucia trouva tout le monde en joie et liesse, le jardinier mariait sa fille ; le soir, on lui demanda la permission d'aller danser au village voisin : dans son désir d'être seule, elle donna congé à tout le monde. On lui avait allumé un grand feu, elle feuilleta des livres, elle se prépara du thé. Elle s'abandonna à ses souvenirs, plus effrayée par son amour que par le vent qui pleurait sur les arbres du parc et hurlait dans la cour du château.

Cependant, vers onze heures, Lucia commença à se dire que la solitude est terrible la nuit dans un manoir en ruine, perdu dans les bois ; mais, comme toutes celles qui ont de la vaillance, elle éprouvait quelque plaisir à braver la nuit devant tous ces portraits de famille qui la regardaient.

Vers onze heures et demie, le feu s'éteignit presque, le feu, cet ami qui lui parlait et qui ne lui disait plus rien. Elle avait déjà pris deux tasses de thé, elle rapprocha la bouilloire des dernières braises en se demandant si elle rallumerait le feu, ou si elle irait se coucher. Elle se promena, mais toujours les portraits la regardaient d'un œil fixe.

Lucia s'arrêta devant la figure de son aïeule, surnommée la visionnaire.

A force de la regarder, elle la retrouva vivante. C'était un portrait parlant, un chef-d'œuvre de Robert Lefèvre, ce maître portraitiste.

— Grand'maman, je t'en prie, ne me regarde pas comme cela. Je t'aime bien, mais tu me fais peur.

Lucia retourna à la cheminée, une grande cheminée renaissance, qui encadrait une glace à biseaux. Un manteau de plomb lui tomba sur les épaules. Elle se sentit des pieds de marbre qui ne pouvaient plus marcher.

Et le vent pleurait et hurlait toujours. « Si seulement j'avais un chien avec moi, » dit Lucia. Mais les chiens dormaient au chenil.

V

— J'ai peur, dit Lucia, et pourtant je ne suis pas une visionnaire.

Un livre fermé sur la table frappa son regard ; elle l'ouvrit et lut cette page :

« Quand Dieu eut créé dans l'esprit du bien
« les mondes innombrables qui gravitent sous
« sa main, il créa l'esprit du mal, ne voulant
« pas que l'homme pût arriver à lui sans avoir
« combattu.

« Au commencement du monde, le bien était
« représenté par un ange, le mal par un
« démon, mais peu à peu Dieu retoucha à son

« œuvre. Les âmes en peine qui ne sont ni du
« paradis ni de l'enfer, parce qu'elles ne sont
« pas encore détachées ni du bien ni du mal,
« ont été condamnées à représenter l'esprit de
« Dieu et l'esprit de Satan dans les âmes de
« la terre.

« Voilà pourquoi tout homme, toute femme
« qui vient au monde est le jouet des âmes en
« peine.

« Tout en s'agitant dans le libre arbitre, on
« s'imagine que l'on vit en liberté et qu'on fait
« ce qu'on veut. Mais on obéit sans le savoir
« à cette âme en peine, qui a veillé sur notre
« berceau et qui nous conduira jusqu'à la
« tombe.

« C'est une seconde âme qui s'amuse de nos
« passions, qui nous égare tour à tour dans le
« bon ou mauvais chemin. Cette seconde âme,
« c'est la conscience, c'est le repentir, c'est la
« divination; elle nous apparaît çà et là sous
« diverses métamorphoses. C'est elle qui s'ap-
« pelle la vision, le pressentiment, le fantôme,
« le miracle.

« Celui ou celle qui prie et qui pleure, voit

« apparaître sa conscience ; tous les pécheurs
« qui se repentent, la verront dans la solitude
« sous les heures nocturnes, s'ils se regardent
« dans une glace ; saint Augustin et sainte Thé-
« rèse ne l'ont-ils pas vue apparaître à minuit
« dans le délire des ivresses amoureuses. »

Ici finissait la page. Déjà plus d'une fois on avait parlé à Lucia de cette image invisible qui nous conduit partout, une ombre de nous-même, notre double, comme dit la légende ; le plus souvent, c'est la réverbération de notre image ; mais quelquefois aussi c'est une autre figure. Beaucoup de contemporains, parmi les poètes et les rêveurs, ont cru voir vaguement cette silhouette. Lamartine disait que, seul à minuit, il n'osait braver cette apparition dans un miroir. Alfred de Vigny, Roger de Beauvoir, Théophile Gautier avaient pareillement peur de leur ombre nocturne. Tous ceux qui ont hanté l'inconnu ont peur de l'inconnu !

Quand Lucia pensa à son image incorporelle, elle se sentit glacée. « Et pourtant, dit-elle encore, je ne suis pas comme ma grand'mère, je ne crois pas aux visions. » Mais elle était inquiète et n'osait se regarder ni dans le miroir de la cheminée ni dans une grande glace qui était au bout du salon. Enfin elle voulut être brave : elle hasarda un regard dans le miroir.

Elle se vit comme elle était, pâle et triste, pensive avec des yeux inquiets. « Je le savais bien, dit-elle, ce n'est pas mon ombre. » Mais quand elle regarda de l'autre côté, dans la grande glace ou elle se voyait en pied, il lui sembla que ce n'était plus elle.

Elle voulut braver cette vision, elle s'en approcha toute frémissante.

Non, ce n'était pas elle qu'elle voyait, c'était une femme en blanc qui pleurait. « Ma mère ! murmura-t-elle. » Mais ce n'était pas non plus l'image de sa mère.

Je vous peindrai mal tout l'effroi de Lucia, elle tomba à genoux et pria sans pouvoir détacher ses yeux de la vision. Elle s'imagina que cette femme en blanc qui pleurait l'accusait de ne pas avoir écouté les dernières paroles de sa mère : Elle devait épouser un soldat, elle aimait un comédien.

« Je retournerai au couvent, » dit-elle.
La vision s'évanouit tout en souriant.

VI

Le lendemain, Lucia qui avait maintenant peur de la solitude, invita à dîner le curé du village et une voisine de campagne. Elle fut quelque peu surprise de voir arriver Henry Malville. Il lui dit que, passant par Orléans, il avait voulu lui serrer la main ; c'était d'ailleurs un adieu, puisqu'il allait repartir pour l'Algérie. Il s'invita à dîner. Au café, pendant que le curé et la voisine de campagne babillaient ensemble, Henry dit à Lucia qu'il n'épouserait pas sa cousine.

— Pourquoi?

— Parce que je vous aime.

Et ce mot fut dit avec abondance de cœur.

— Mais vous aimez ma cousine?

— Je ne l'aime plus.

— Pourquoi?

— Parce que M. de La Grange vous aime. C'est la force des choses ; le jour où je vous ai vu lui sourire avec trop de douceur, j'ai senti mon cœur battre pour vous.

— Et moi je n'aime ni M. de La Grange ni vous. Depuis hier je suis résolue à retourner au couvent; j'ai joué la comédie des autres, mais j'ai peur que ma comédie à moi ne soit un drame.

Henry voulut continuer la conversation, mais Lucia l'arrêta court en parlant haut à sa voisine de campagne. Le lieutenant eut beau faire, il n'obtint pas un mot de plus. Il partit deux heures après, emmené par le curé qui le pria de le reconduire au presbytère.

VII

Pendant quelques jours, Lucia fut toute en prière; elle fit le voyage d'Orléans pour embrasser la supérieure du couvent et lui annoncer que sous peu de jours elle allait rentrer en grâce; ce qui fut une grande joie parmi ses compagnes.

Mais, comme disait encore le livre qu'elle avait ouvert la nuit de la vision : « Nul n'est « maître de sa destinée, parce que tout le

« monde obéit aux âmes en peine qui ont la
« mission de nous conduire à travers tous les
« périls de la vie. »

Voici ce qui se passa : Un matin Lucia reçut une lettre de sa cousine qui lui apprenait sans préambule que son joli amoureux, M. de La Grange, venait d'être à peu près tué en duel par Henry Malville.

Mlle d'Harcours croyait avoir vaincu sa passion ; mais elle reconnut que c'était sa passion qui l'avait vaincue. Le nom M. de La Grange passa vingt fois sur ses lèvres, vingt fois elle essuya ses yeux sans savoir qu'elle pleurait.

Pourquoi M. de La Grange et M. Henry Malville s'étaient-ils battus? on ne le disait pas, ou plutôt on disait que c'était pour une comédienne. Or la comédienne, c'était Lucia.

Lucia ne se demanda pas le nom de celle qui avait mis l'épée à la main. Son cœur lui dit que c'était elle, car elle n'avait pas oublié les regards de travers que se jetaient les deux jeunes gens quand elle répétait son rôle devant eux.

Lucia était dé celles qui devinent tout.

Une heure après, elle prenait, à Orléans, le train de Paris et descendait à l'hôtel du Louvre. « Là, dit-elle, il n'y a que des étrangers, on ne me reconnaîtra pas. »

Mlle Agnès eut beau lui prêcher qu'elle devait descendre chez sa tante, elle n'en fit rien, la force de son amour brisait tout. Elle ne craignait pas qu'on l'accusât de folie, tant son cœur était pur; aussi, le soir même, elle allait seule, toute seule, sonner à la porte du blessé. Elle croyait qu'il allait mourir, elle voulait le revoir et lui dire adieu; d'ailleurs, s'il mourait, c'était pour elle. Pouvait-elle moins faire pour lui? pour un homme qui l'avait aimée sans oser le lui dire? car elle ne s'y était pas trompée. Et puis, n'était-ce pas cet amour qui lui avait mis l'épée à la main?

C'était un peu avant la nuit; une sœur de Charité vint ouvrir. M. de La Grange, comme autrefois l'ami de Molière, avait des sentiments religieux. Dans son pieux souvenir pour sa mère, qui était morte jeune, il n'avait pas quitté Dieu, croyant se sentir plus près d'elle. Lucia fut heureuse, dans son chagrin, de voir cette sœur de Charité.

— Comment va-t-il, demanda-t-elle ?

— Une horrible blessure, un peu plus il était frappé au cœur.

Lucia s'avança chancelante au lit du blessé.

« C'est vous ! — Oui, c'est moi, parce que je veux vous empêcher de mourir. »

Lucia fut si douce et si charmante que la sœur de Charité, en la reconduisant, lui dit : « Depuis une heure que vous êtes avec lui, c'est une résurrection. Surtout revenez demain. »

Elle y retourna le lendemain, puis le surlendemain, puis toute la semaine, puis toute la semaine qui suivit. On avait jugé la blessure mortelle, mais la jeunesse fait des miracles.

Quand M. de La Grange fut sur pied, Lucia lui dit : « Je ne reviendrai plus. — Hélas ! pourquoi ne suis-je pas mort de ma blessure, dit le comédien avec désespoir. » Le lendemain elle ne revint pas. Lui, à son tour, il alla sonner à sa porte à l'hôtel du Louvre. Comme elle était seule, elle refusa de le recevoir. Mais elle avait ouvert la porte, il lui prit la main, elle pâlit et elle ne ferma la porte qu'après qu'il fut entré. Que se dirent-ils ? Il lui parla avec l'éloquence du cœur. Il se maudit d'avoir pris le métier de comédien plutôt que celui de soldat. Il mit en jeu de si beaux sentiments que Lucia fut touchée jusqu'aux larmes. Une femme qui pleure est sauvée, mais une femme qui pleure est perdue.

— Nous ne nous reverrons jamais, dit Lucia, quand le comédien s'en alla; d'ailleurs, je pars ce soir, car je ne veux pas que ma tante ou mes cousines me trouvent à Paris, où je me suis cachée pour vous.

M. de La Grange eut beau supplier, elle partit le soir même, croyant se dégager ainsi du réseau de feu qui la brûlait. Mais plus elle s'éloigna de lui, plus elle le sentit dans son cœur et dans son âme. L'amour nous fait encore croire à la fatalité des anciens : quand il nous touche il est notre maître, à la vie, à la mort.

Un comédien qui a de l'esprit et de la figure n'est pas homme à laisser une passion en chemin. Il tente jusqu'à l'impossible. Voilà pourquoi, un jour que Lucia, toujours attristée, cueillait des roses dans le parc, elle vit arriver M. de La Grange, plus beau que jamais, dans sa désinvolture de haute lignée. Elle fut subjuguée et n'eut pas la force de prendre un masque sévère.

— Où allez-vous ? demanda-t-elle.

— Où je vais? Vous le voyez bien, je ne puis pas vivre sans vous voir.

— Chut! dit Lucia, ma mère est morte, mais il me semble qu'elle vous entend.

— Si votre mère savait comme je vous aime, elle me pardonnerait.

— Mais que va-t-on dire si on vous voit ici ?

— Ne pouvez-vous pas recevoir un ami?

— D'ailleurs, que dirai-je, moi ?

— Que vous importent vos gens et votre gouvernante, votre vertu est au-dessus de tout cela; si vous me condamnez à ne plus vous voir, je n'ai plus qu'une ressource, c'est de m'engager dans l'infanterie de marine et de me faire casser la tête au Tonkin.

— Non, je ne veux pas vous savoir si loin !

En ce moment, Mlle Agnès descendait le perron.

— De grâce, monsieur, partez!

— Eh bien, Lucia, je baise vos roses et je pars, mais je reviendrai ce soir, là sous cette tonnelle, vous dire adieu pour toujours.

— Ayez pitié de moi!

— Ce soir, n'est-ce pas? Je passerai comme tout à l'heure par la grille du parc.

— La grille sera fermée.

— Que m'importe la grille?

Lucia alla au-devant de sa gouvernante et l'entraîna vers le château, pendant que M. de La Grange s'enfonçait sous les arbres du parc.

VIII

Lucia se promit de ne pas aller le soir au rendez-vous; mais M. de La Grange était bien sûr de ne pas l'attendre longtemps sous le berceau de charmille.

La nuit fut toute noire, un orage éclatait à l'horizon. Lucia arriva haletante, croyant toujours qu'elle n'irait pas si loin.

Quoique très ému lui-même, le comédien n'oublia rien des ressources de son jeu. Il parla encore de cette guerre lointaine d'où il ne reviendrait pas. « Qu'importe ! n'aurai-je pas eu le suprême bonheur de respirer vos cheveux en vous appuyant sur mon cœur ? L'amour, c'est une secousse de joie inespérée, je vous emporterai dans mon souvenir, je mourrai en disant votre nom. »

Lucia n'entendait plus rien, tant elle était éperdue. « Pourquoi suis-je venue ? » murmura-t-elle. Elle n'avait plus la force de lutter dans ce terrible moment où deux âmes éperdues n'en font plus qu'une seule

Quand elle s'arracha des bras de M. de La Grange, elle lui dit : « Portez-moi jusqu'au perron, car je suis morte. »

Il la reprit dans ses bras et la porta doucement dans l'antichambre.

Elle retrouva la force de lui dire adieu et de marcher jusqu'au grand salon.

Là, elle tomba sur un fauteuil où elle demeura quelques heures toute anéantie, ne trouvant ni une idée ni un mot.

Elle se croyait dans un rêve horrible et doux.

La première parole qui lui vint aux lèvres fut :
« C'est impossible ! c'est impossible ! c'est impossible ! » Et elle pressait sur son cœur les roses baisées par le comédien.

IX

Il était minuit quand Lucia se leva du fauteuil. Il ne restait plus que deux bougies allumées dans les candélabres. Elle prit son bougeoir et l'alluma.

— Trois bougies, se dit-elle, cela porte malheur. Mais quel malheur plus grand pourrait entrer ici maintenant ?

Elle éteignit les lumières du candélabre.

Sans le vouloir, elle s'approcha de la glace où elle avait vu la femme en blanc. Tout à coup elle fit un pas en arrière.

— Cette femme !

Elle avait détourné les yeux, mais elle regarda encore.

— C'est elle ! toujours elle ! Pourquoi cette croix qui me frappe au front ? Ma mère ! ma mère !

Lucia tomba à la renverse, pendant que le bougeoir allait frapper une table de marbre.

La porte du salon s'ouvrit : c'était Mlle Agnès qui accourait, toute inquiète, et qui s'enfuit épouvantée, croyant avoir vu un fantôme.

Le lendemain, Mlle Agnès osa entrer dans le grand salon : elle trouva la jeune fille morte devant la glace.

IL NE FAUT JURER DE RIEN

X

IL NE FAUT JURER DE RIEN

I

Qui ne connaît le banquier Karl Oberbach, venu pauvre à Paris il n'y a pas longtemps, ambassadeur extraordinaire de M. de Bismarck, comme Vonbergher et autres bonshommes de Francfort ou de Hambourg qui font les gentilshommes à la Bourse de Paris? M. de Bismarck leur a dit : « Allez, mes enfants; la France ne nous a donné que cinq milliards, mais il n'en faudra pas beaucoup comme vous pour achever la ruine de nos voisins. »

Une fois en France, ces bonshommes plus ou moins barons se sont figurés qu'ils étaient princes chez nous, parce qu'ils avaient les mains pleines d'or parisien. Comme, grâce à Dieu, ils ne sauront jamais le français, ils se sont dit entre eux : « Nous sommes quelques-uns, » croyant dire : « Nous sommes quelqu'un. »

Oui, bonshommes de Francfort et de Hambourg, vous êtes quelques-uns, vous avez continué les exploits des grands chemins, moins la bravoure de M. de Cartouche. Mais ceci ne vous empêche pas d'avoir chez nous pignon sur rue et de nous prendre nos femmes — celles qui se vendent — par le mariage ou à côté du mariage.

Karl Oberbach ne s'était payé qu'une maîtresse. Elle est aussi jolie qu'il est laid — les extrêmes se touchent, dans le pays de l'amour comme partout. — C'est d'ailleurs la loi de la nature.

La maîtresse du banquier lui donnait des

leçons de savoir-vivre et des leçons de français. Une belle Hollandaise, que je félicitais de parler le français des Parisiennes, me répondait en souriant : « C'est le Français qui m'a appris l'amour — et c'est l'amour qui m'a appris le français. » Mais Karl Oberbach aura beau faire, il n'apprendra ni l'amour ni le français, même avec une adorable créature comme Lili. (Son nom de famille est très connu.)

Lili s'ennuie dans ce somptueux hôtel de la place de l'Étoile, tout rempli de sa grâce, de son babil et de ses chansons. Quoi! direz-vous, une si jolie fille avec un pareil malotru ? Quoi! des chansons devant ce bonhomme qui ne fait que compter son argent ?

Eh! mon Dieu, oui, la femme s'arrange de tout sous une pluie d'or et devant un miroir. Lili est emprisonnée, par ce geôlier qui croit que l'Arc-de-Triomphe n'a été élevé que comme point de vue de son hôtel ; mais il n'y a point de prison pour le cœur.

Une comédienne, ancienne amie de Lili, vint la voir un matin.

— Ah! Lili, comme tu es heureuse d'habiter un pareil hôtel, dans un luxe inouï.

— Heureuse! oui, heureuse à en pleurer! répondit la maîtresse du baron.

La comédienne lui sauta au cou.

— Eh bien, je te comprends. N'est-ce pas que les vanités n'étouffent pas le cœur? Et pourtant, voilà une bien jolie cage pour une gentille fauvette comme toi. Est-ce que tu chantes toujours?

— Oui, quand je chante, je ne pense pas. Et puis j'espère bien rentrer au théâtre.

— Ou rentrer dans ton amour.

— Oh! tu le connais bien. Avec lui, c'est le bonheur qui traîne la misère.

— Qu'est-ce que cela fait, si c'est la misère dorée et adorée! Et puis tu l'aimais tant!

— Oui, mais n'est-ce pas lui qui m'a abandonnée?

Lili cacha une larme.

Les amis du bonhomme, qui le savent embranché dans les caprices d'une femme à la mode, se moquent de lui à sa barbe teinte; mais il leur proteste qu'il est aimé pour lui-même. « D'ailleurs, dit-il en leur montrant une petite clef d'argent, voyez plutôt : Voici la clef du cœur et de la chambre à coucher. »

Lili est baronne à peu près comme il est baron. C'est lui qui, en la prenant sous son toit, lui a donné ce titre pour imposer à ses gens. M. le baron ne pouvait pas déchanter, il fallait bien que madame fût baronne !

— Vous ne perdez jamais votre clef ? dit un jour à maître Karl un de ses camarades de Bourse.

— Je perdrais plutôt ma fortune. Songez que, si je n'avais pas ma clef quand je rentre passé minuit, la petite baronne n'ouvrirait pas. Quelle joie pour elle d'entendre bruire dans la serrure ce petit passe-partout d'argent.

— Et si un autre avait la clef ? Ce serait un passe pour tous.

— Je vous dis que c'est un dragon de vertu.

— Comme c'est commode de sortir des brouillards du Rhin ou de la mer du Nord. Et comment l'avez-vous capturée ?

— Elle était allée chanter en Amérique ; à son retour, je l'ai enlevée.

— A la force du poignet? Combien y avait-il d'or dans la main?

— Pas un sou, mon ami.

Et le banquier fit une pirouette de talon rouge. Comme il est voué au ridicule, il glissa et roula comme un tonneau.

Quelques jours après, Oberbach était au cercle. On soutenait avec impertinence que toute femme douée du démon parisien devait succomber à la tentation.

— Excepté celle de Karl, dit le camarade du banquier.

— Est-ce qu'il vous a mis dans son jeu? demanda un malin.

Le banquier leva la tête.

— Vous parlez de ma femme; la connaissez-vous?

— D'abord ce n'est pas votre femme, c'est votre maîtresse.

— Si elle est ma maîtresse, elle est ma femme. Je parie dix mille louis qu'elle ne passera pas sur son balcon pour écouter vos sérénades.

Un joueur effréné prit gravement la parole :

— Dix mille louis! ce n'est pas la mort d'un homme. C'est un coup de carte. Je tiens le pari si vous voulez, mais à la condition de passer la main.

— Vous ou les vôtres, vous pouvez dresser vos embûches.

— Messieurs, vous êtes témoins.

Le banquier se récria :

— Nous n'avons pas besoin de témoins; notre parole vaut de l'or.

— Oui, une poignée d'or, mais pas dix mille louis.

— La belle affaire, j'en ai gagné cent fois autant contre l'Union générale.

— Eh bien! je joue contre l'Union conjugale.

— C'est dit! même si vous passez la main à Parisis, ou à Alfonso, ou à Carolus, ou au prince.

A cet instant, on vit apparaître un jeune homme blond, gardenia à la boutonnière, sourire aux lèvres, bien sculpté pour les batailles de l'amour.

— Voilà mon homme, pensa celui qui avait parié contre la vertu de Lili Lalouette.

Il se leva et entraîna le nouveau venu dans un autre salon.

— Veux-tu gagner deux cent mille francs?

— Toujours.

— Eh bien! mets-toi en campagne et enlève Lili Lalouette.

— C'est impossible.

— Pourquoi?

— Parce qu'elle aime mieux l'argent que l'amour.

Et le jeune homme se dit, en soupirant :

— Après avoir mieux aimé l'amour que l'argent.

L'autre avait entendu.

— Allons donc, ne vas-tu pas faire des manières. Songe, mon cher ami, que je viens de parier deux cent mille francs que Lili se laisserait prendre d'assaut. Tu la prendras par toutes les roueries du cœur, car le cœur est encore plus malin que l'esprit. Or, tu aimes Lili. En campagne, morbleu ; cent mille francs, c'est quelque chose pour un homme qui n'a pas le sou.

— Comment, cent mille francs! tu disais deux cents?

— Nous partagerons. Je ne parle pas de Lili.
— Pourquoi partagerions-nous?
— N'est-ce pas moi qui ai parié? N'est-ce pas moi qui perdrais si tu ne triomphais pas?

II

Pourquoi M. Alphonse ***, connu dans le monde littéraire par un pseudonyme sonore, était-il, en avril 1883, rue de Tilsitt, en face d'un des hôtels massifs que les embellissements de Paris doivent au lourd crayon de l'architecte Hittorff? Il ne faisait pas un temps à se promener là sans parapluie, déjà deux giboulées avaient éclaté sur l'Arc-de-Triomphe. Alphonse *** s'abritait comme il pouvait sous les appuis des fenêtres, tout en se tordant les moustaches avec impatience.

Il ne fallait pas beaucoup de pénétration pour deviner un amoureux qui attendait un signal; mais les croisées étaient impassibles, pas une ne s'ouvrait pour lui dire bonjour. Il y a des maisons qui sourient comme il y a des maisons qui pleurent. Celle qu'Alphonse *** dévorait des yeux semblait dormir.

A la troisième giboulée, il frappa du pied et décida qu'il n'attendrait pas plus longtemps. Mais sans doute il vit remuer un rideau, car il leva son mouchoir en signe de joie.

Il rentra chez lui et se mit à écrire cette lettre d'une main fiévreuse :

Lili, Lili, je meurs de ne pas vous voir; car je n'appelle pas cela vous voir quand vous passez au Bois ou sur le boulevard avec cet homme qui est un geôlier. Lili, souvenez-vous! Avez-vous oublié ces jours rapides où vous étiez heureuse quand je vivais à vos pieds? — Ne l'ai-je pas aimée avec idolâtrie? N'est-ce pas avec toi que j'ai mangé mes quatre sous en te faisant princesse pendant six semaines? Est-ce ma faute si la fortune m'a mis à pied quand j'étais si heureux, niché avec toi dans ce petit coupé qui était encore le lit nuptial? Oh! les doux propos. Tu commençais à chanter un grand air d'opéra que j'étouffais sous mes baisers. Tout cela s'est évanoui comme un rêve. Dieu m'est témoin que j'ai tout tenté pour devenir directeur de la Banque de France. Un peu plus, je faisais de la fausse monnaie. Oh ! n'avoir pas d'argent et vivre dans l'enfer du luxe avec une femme qui veut des diamants.

On dit que je suis un homme d'esprit, je ne suis qu'une simple bête, puisque je n'ai pas le génie de changer de carte dans le jeu perpétuel qui s'appelle la vie. Lili, ma Lili, de grâce ! reviens à moi, ne fût-ce que pendant une heure. Je meurs de t'aimer et je meurs de ne pas te prendre dans mes bras. Je t'attendrai toute cette nuit à l'hôtel d'Albion. Si tu ne dois plus être à moi, viens au moins me le dire par un dernier baiser.

ALPHONSE ***.

A cette lettre, Lili ne répondit pas. Ce jour-là, Alphonse *** la rencontra au Bois, comme tous les jours. Elle regardait de l'autre côté. Non pas cependant du côté du banquier, qui n'était pas loin de là. La dignité de ce bonhomme l'empêchait de se faire traîner dans la même voiture que sa maîtresse. Mais il l'accompagnait au Bois à sa manière, lui lançant des œillades idolâtres et fronçant le sourcil chaque fois qu'il voyait ses yeux en conversation criminelle avec un sportsman à cheval ; car il était jaloux comme le Rhin allemand des sources vives du vin de Champagne.

Alphonse ***, sans s'inquiéter du banquier, jeta un bouquet de violettes dans le landau de Lili Lalouette. Sans s'inquiéter du banquier, elle prit le bouquet et le respira en toute effusion de cœur. Alphonse *** fut si heureux qu'il en devint tout pâle. Enfin elle embrassait les violettes qu'il avait baisées lui-même !

III

On était au bout de l'avenue des Acacias ; l'amoureux rencontre le parieur, qui lui dit en lui offrant un cigare :

— Eh bien ! notre pari ?

— Notre pari va bien. Je vais trouver ton cigare exquis.

— Tu as parlé à la dame ?

— Non.

— Tu lui as écrit et elle t'a répondu ?

— Non.

— Eh bien ! alors ?

Alphonse *** était si heureux qu'il avait peur en parlant de faire évanouir son bonheur. Mais, comme le parieur insistait :

— Voilà où j'en suis : je lui ai écrit ce matin une lettre à attendrir les rochers. Tout à l'heure je lui ai jeté un bouquet — et elle y a mis ses lèvres en me souriant.

— Bravissimo ! bravissima ! je n'attendais pas moins de toi et de Lili. En avant ! à la baïonnette !

— Hélas ! je la connais : celle-là ne se laisse pas enlever tambour battant.

— Nous ne pouvons pas remettre notre pari aux calendes grecques. Ne vas-tu pas tomber dans un amour platonique ?

La dame repassa devant Alphonse ***, et elle respirait encore le bouquet de violettes.

Le lendemain, à l'heure de la Bourse, la petite baronne envoya chércher un serrurier de M. le baron.

— Madame, le serrurier est là, que faut-il lui dire ?

— Dites-lui que j'ai perdu la clef de mon chiffonnier.

Il n'y avait pas un mot de vrai dans ces paroles. Le serrurier entra ; Lili lui dit de fermer la porte, après quoi elle le pria de lui faire une petite clef d'argent toute pareille à celle qu'il avait déjà ciselée.

Que voulait faire Lili de cette petite clef ? Son protecteur avait-il perdu la sienne ?

Quelques jours après, le banquier dînait dans le faubourg Saint-Germain. Sa place à table, au milieu de quelques grands seigneurs désargentés ne lui coûtait guère qu'une centaine de mille francs. Tout se paye à Paris, non pas l'honneur, mais les honneurs. Or, pendant qu'il dînait en si bonne compagnie, Lili dînait seule, en toute hâte.

En moins d'un quart d'heure elle eut touché à tout d'une lèvre dédaigneuse. Après quoi elle descendit, un livre à la main, sans dire où elle allait. Le savait-elle bien ? Elle traversait une de ces phases critiques où les femmes donnent un croc-en-jambes à leur destinée.

Pourquoi le livre à la main ? Parce que le livre est un bon compagnon de voyage, même s'il est mauvais. Et puis, elle n'avait pas pris un livre pour le lire.

A peine à cinquante pas de son hôtel, elle rencontra l'homme au bouquet de violettes.

— C'est toi, ma Lili !

Un peu plus Alphonse*** la prenait dans ses bras.

— Chut! dit-elle, M. Karl Oberbach a cent yeux.

— Oui, mais j'ai là un bon fiacre où nous serons chez nous.

Et il entraîna Lili. Devant le sapin, elle fit un pas en arrière. Il y avait longtemps qu'elle ne montait plus que dans des voitures de maître. Elle avait peur que cet affreux fiacre ne fût plus pour elle la roue dorée de la fortune. Mais l'amour leva sa jolie bottine sur le marchepied.

Et ce fut un quart d'heure délicieux. On s'était aimé follement, on s'aimait plus follement encore.

— Je n'ai jamais aimé que toi, Lili !

— Je n'aimerai jamais que toi, Alphonse !

Alors pourquoi vivaient-ils séparés, ces deux amoureux qui s'aimaient tant? fallait-il donc qu'un pari de cent mille francs les rejetât dans les bras l'un de l'autre ?

Cependant, une heure après, il fallait que Lili rentrât dans sa prison dorée. Elle donna une petite clef d'argent à Alphonse *** en lui disant :

— Écoute-moi bien. Je ne t'écrirai pas, parce qu'il me faudrait porter moi-même les lettres à la poste; mais souvent, à l'heure du Bois, nous nous rencontrerons. Si un jour je mets mon éventail sur ma figure quand tu passeras, c'est que je serai seule le soir. Et le soir à dix heures, tu viendras sous ma fenêtre, comme tu es venu un matin. Si j'agite un rideau, tu monteras au premier, tu ne rencontreras personne, tu traverseras un salon, ma chambre est à gauche, tu ouvriras la porte avec cette petite clef, car une autre clef pareille m'aura emprisonnée pour trois heures, c'est-à-dire pour tout le temps où le bonhomme va faire le beau dans le monde.

Alphonse*** ne se fit pas enseigner deux fois l'itinéraire. Le lendemain, la comédie commença, et en se quittant les amoureux se dirent : La suite à demain.

Un peu plus, Alphonse, dans sa joie, ne disait rien à son ami le parieur. Enfin il parla après huit jours de bonheur. On décida qu'au premier rendez-vous deux témoins affirmeraient la vérité de l'histoire. Mais on n'eut pas besoin des témoins, car voici ce qui arriva :

IV

Un jour, en dînant, Karl Oberbach dit à Lili : « Sais-tu pourquoi je ne suis pas gai? Noblesse oblige Je suis forcé de partir tout à l'heure pour le château du prince ***, où il y a demain chasse à courre. »

Or, le soir même, au cercle, on apprit que la chasse serait contremandée à cause du mauvais temps. Karl Oberbach rentra donc chez lui à l'heure coutumière. Il fut très surpris de trouver la petite clef d'argent à la serrure de la chambre à coucher de sa maîtresse.

Il mit la main à sa poche, plus surpris encore d'y trouver la sienne; il y avait donc deux clefs d'argent ? Pourquoi pas ? Sans doute, Lili en avait une pour elle. Simple caprice, puisqu'elle la laissait à la porte !

Le banquier ouvre la porte sans inquiétude.

En croira-t-il ses yeux ? Un homme est là, qui dort sur un canapé, pendant que Lili dort dans un fauteuil. La légende affirme même qu'ils dormaient tout près l'un de l'autre.

Le banquier peut-il douter de sa mésaventure ? Une femme qu'il a couchée sur l'or et qui le brave ainsi en plein minuit !

Quel est donc cet insolent qui dort sur le rôti ?

Tout autre que le bonhomme eût jeté l'amoureux par la fenêtre. Mais Karl Oberbach eut peur : Si l'amoureux réveillé allait le jeter lui-même par la fenêtre ? Il pouvait appeler ses gens, mais comment se donner ainsi en spectacle ? Il rougit de sa lâcheté, il pensa à M. de Bismarck et se décida à affronter le péril.

Il avança d'un pas vers le dormeur.

— Monsieur, que faites-vous là ?

Alphonse *** ouvrit les yeux et éclata de rire en voyant la mine effarée du bonhomme.

— Monsieur ! pourquoi me réveillez-vous quand je dormais si bien ?

Le banquier recula d'un pas.

— Mais, monsieur, je suis chez moi !

L'amoureux avança d'un pas.

— Et moi, monsieur, je suis chez ma femme.

Le banquier eut un cri déchirant :

— Sa femme !

Lili s'était réveillée.

— O Lili ! quel est ce va-nu-pieds ?

La vérité est qu'Alphonse n'avait pas encore mis ses bottines.

Lili, comprenant que tout était perdu ou que tout était sauvé, dit en le prenant de haut :

— Oui, monsieur, c'est mon mari.

Il n'y eut plus de doute pour le banquier, il perdait tout à la fois sa maîtresse et son pari.

Il fut si doux aux amoureux qu'un peu plus il leur abandonnait l'hôtel.

Pendant quelques jours, M. Karl Oberbach n'osa retourner au cercle. Comment reparaître devant tous ces rieurs sans avoir lavé cette offense à son blason de baron allemand !

Mais une idée lui vint, qui le décida à faire bonne figure au cercle. On le vit arriver un soir d'un air important.

— Eh bien ! lui dit le parieur, vous m'apportez mes deux cent mille francs ?

— Point du tout.

— Comment, point du tout !

— Oh ! je ne fais pas de façons pour avouer que cette coquine m'a trompé.

— Eh bien ?

— Eh bien ! c'était son mari !

LA FEMME COUCHÉE

L'orgueil de la rage.

XI

LA FEMME COUCHÉE

I

Il n'y a que les histoires invraisemblables qui soient vraies.

Une belle femme qui sait toutes ses beautés lisait le *Sopha* de Crébillon dans une galerie de tableaux, avenue du Bois-de-Boulogne.

Pourquoi seule? Elle y était venue déjà deux fois, mais avec une amie du maître de la maison. Ce maître de la maison, M. Georges

Marmont, un huitième d'agent de change qui ne va jamais à la Bourse, est un raffiné qui touche à tout d'une main légère, mais avec la passion de ce qui est beau dans l'art, dans les lettres, dans la vie en action.

Il fait toujours deux parts dans la femme, la part de l'idéal et la part du diable. Il prend la part du diable le plus souvent possible, mais il n'effarouche pas les oiseaux qui entrent par mégarde dans la volière. Ils n'ont qu'à crier pour qu'il leur ouvre la porte à deux battants.

La jeune dame qui lisait le *Sopha* de Crébillon dans la galerie, — M*me* la marquise de Marcy, — attendait qu'il descendît pour lui parler. Que venait-elle lui dire ? Moins que rien. Elle passait par là et elle venait lui dire bonjour.

Je ne serai pas bien indiscret en vous confiant qu'elle l'aimait — sans le vouloir. — C'est que son mari ne l'aimait plus et la malmenait, tandis que Georges Marmont lui parlait de sa beauté avec religion.

C'était l'après-midi, par un beau soleil d'automne, quand l'âme se recueille déjà pour la rude traversée de l'hiver, quand l'esprit, qui part toujours en avant, voit la neige après les rayons.

Aussi, quand descendit le maître de la maison, la jeune dame parut attristée.

— Pourquoi ces nuages sur le front?

— C'est que le soleil s'en va trop vite ; c'est que toutes ces belles dames qui vivent dans votre galerie ne sont plus de ce monde! A quoi sert-il d'être belle s'il faut mourir?

— Je vous comprends. Si j'étais M. de la Palisse ou son petit-fils embourgeoisé qui s'appelle M. Prud'homme, je vous dirais que le monde n'existe qu'à la condition de mourir, mais je suis aussi bête que vous et je me révolte à cette idée que Dieu, le Maître des maîtres, crée des chefs-d'œuvre qui vivent bien moins longtemps que les créations du premier peintre venu.

— N'est-ce pas désespérant de voir, accrochées çà et là, des figures aussi jeunes que moi, quoique vieilles de cent ans et qui me survivront?

— Oui, mais il leur manque la parole!

— N'ont-elles pas la parole des yeux?

— Oui, des yeux comme les vôtres qui parlent mieux que Dieu lui-même.

Naturellement la jeune femme paya ce mot d'un sourire.

— Vous êtes souverainement belle, madame; pourquoi n'avez-vous pas encore un portrait de vous, car il y a des figures comme la vôtre qui appartiennent au monde de l'art.

— Allons donc! je ne suis ni courtisane ni comédienne, je ne suis pas même princesse, je n'ai aucun titre à être accrochée dans une galerie.

— Je vous jure que si vous vouliez poser comme la princesse Borghèse, dans le simple appareil d'une femme qui sort du bain, un artiste qui voit bien — et qui ne vous connaît pas — ferait de vous une immortelle, à moins que...

— A moins que?...

— A moins que ce qui est caché ne soit pas digne de ce que je vois.

Mme de Marcy se révolta. Elle avait trop le sentiment de sa beauté corporelle pour ne pas braver ce doute offensant qui d'ailleurs n'était qu'une tactique pour la décider.

— Comment, lui dit-elle, vous ne me voyez pas à travers ma robe?

— Pas du tout, je suis comme saint Thomas.
Un silence.
La marquise s'arma de toute sa bravoure.

— Eh bien, si j'étais sûre qu'un peintre de talent me fît comme je suis, je prendrais bien un bain pour avoir mon image.

Elle rougit et voulut battre en retraite, mais M. Marmont ne laissa pas tomber sa parole dans l'eau. Il se hâta de lui dire qu'elle était de la pâte des déesses qui n'ont peur de rien. Il connaissait un peintre discret — Erpikum — qui ne signerait pas son œuvre et qui la peindrait telle qu'elle était, sans rien souligner.

Mme de Marcy sentait bien qu'elle s'embarquait dans une aventure scabreuse, mais la vanité de se montrer belle de la tête aux pieds lui ferma les yeux. Elle pensa qu'elle était assez enracinée dans sa vertu pour ne pas craindre les coups de vent. Elle avait quelque liberté d'esprit qui lui permettait de croire que la pudeur n'était pas outragée quand la vertu ne l'était pas. Aussi dit-elle gaillardement :

— A quand la première séance ?

— Demain, si vous voulez. Il y a là-haut une chambre qui n'est jamais ouverte ; vous vous coucherez chastement toute nue sur le lit, ou bien on y transportera une baignoire.

— Non, non, je prends mon bain dans le silence du cabinet de toilette.

— Eh bien ! vous vous coucherez et on vous couchera dans le grand livre de la postérité.

II

Le lendemain, le peintre était à l'œuvre. La marquise, drapée de sa pudeur, un masque sur la figure, avait pris une pose aussi abandonnée que les Vénus du Titien, cheveux ruisselants jusque sur le sein gauche et jusque sous le bras droit, replié pour soutenir la tête.

Cette belle chevelure blonde avait des reflets d'or et de feu sur ses ondes soulevées. Le corps était un miracle de blancheur, avec les adorables tons de rose thé épanouie, relevés par deux fraises mûres sur les beaux seins marbre et chair. Le dessein des hanches, des cuisses et des jambes courait dans toute la grâce raphaélesque avec je ne sais quel abandon corrégien.

Après avoir cherché, le peintre et Georges s'étaient décidés à encadrer Mme de Marcy dans des draperies jaune vieil or qui donnaient encore plus de relief aux étincelles de la chevelure. On sait d'ailleurs que les couleurs amies font une harmonie plus poétique.

La marquise, toute masquée qu'elle fût, voulut indiquer la noblesse de sa figure par une couronne de marquise surmontant des armoiries imaginaires.

Tout cela était beau comme l'inspiration, aussi le peintre ne perdit pas de temps ; après deux heures de séance, il avait largement ébauché toute la figure sur un fond safrané. On pouvait déjà juger qu'il créerait une œuvre vivante. Mme de Marcy posait dans le nonchaloir des sultanes, sans s'inquiéter des regards plus ou moins ardents du jeune peintre. Georges Marmont, cachant son émotion, apparaissait de loin en loin pour donner un conseil avec l'air d'un homme qui ne se préoccupe que de l'amour de l'art.

Il se passa un épisode qui appartient, non pas à l'histoire, mais à l'histoire de la pudeur. Voici :

Quoiqu'il y eût un beau feu dans la cheminée et deux brazeros de chaque côté du lit— un lit de milieu — Mme de Marcy eut quelques tressaillements de froid. « Manque d'habitude, lui dit le peintre. Il faut aller vous chauffer à la cheminée. »

Elle résista d'abord. Enfin elle se décida à descendre du lit.

— Eh bien, Raphaël, laissez-moi seule.

Le peintre obéit. Elle dénoua son masque et marcha vers la cheminée.

Or, si le nu a toute sa pudeur dans l'immobilité, il la perd dans le mouvement.

La marquise le sentit bien, car en marchant vers la cheminée ses joues s'empourprèrent, ce que vit très bien M. Marmont qui survenait pour la troisième fois.

En effet, quand il ouvrit la porte, il aperçut Mme de Marcy dans la psyché, plus belle encore sous cette rougeur de jeune fille.

— Allez-vous-en! lui cria-t-elle. Vous voyez bien que je rougis, même toute seule.

Il ne fallut que cinq séances pour achever ce demi-chef-d'œuvre, car le peintre n'était pas un grand peintre, mais il avait saisi la vérité, et il peignait les chairs avec une touche voluptueuse. Il était impossible, grâce au masque et à la teinte allumée des cheveux, de reconnaître la jeune dame, à moins qu'on ne la connût bien. Aussi l'artiste, content de lui, demanda-t-il la permission d'exposer cette figure.

Mme de Marcy fit quelques façons, mais croyant à la discrétion absolue du peintre, elle consentit.

— Surtout, lui dit-elle, pas de mention honorable, ce qui me déshonorerait.

On encadra la toile dans un cadre exécuté par une main savante — le style Louis XIII —, doré en or éteint avec un filet noir sur la peinture.

Quoique ce portrait parût très beau au jury par le charme du dessin et par les éblouissements de la couleur, on le refusa tout net, parce que la dame était masquée et qu'elle avait insolemment mis sur le rideau sa couronne de marquise. Le portrait revint donc vierge encore dans la galerie de Georges, où il passa tout l'été, pour s'habituer aux figures du voisinage et pour prendre le ton des œuvres qui survivent.

III

Vint l'hiver. On donna une fête dans l'hôtel de Georges. Tout Paris y alla, et Mme de Marcy ayant voulu être de la fête, il fallut bien inviter son mari. Reconnaîtrait-il sa femme ? Elle était bien sûre que non, car, selon elle, il ne l'avait jamais regardée, ce en quoi elle se trompait. Quoiqu'il ne fût pas un dilettante, il avait fait, sans trop y prendre garde, quelques études dans la géographie lumineuse de ce beau corps.

— C'est étonnant, dit-il à une dame de ses amies qui le retenait comme par malice devant *la Femme couchée.*

— Oui, lui dit-elle, cette femme couchée ressemble à la vôtre. Est-ce que Mme de Marcy est aussi belle ?

— Pourquoi pas ?

— Est-ce qu'elle a aussi un grain de beauté sous le sein ?

Le marquis tressaillit.

— Je ne me souviens pas.

Mais M. de Marcy se souvenait très bien. Une secousse de jalousie l'emporta vers sa femme ; dans sa colère, il ne pouvait plus parler.

— Madame...

— Monsieur...

Il l'entraîna sous *la Femme couchée.*

— C'est vous qui êtes là ?

— Moi. Vous êtes fou.

Sa main tenaillait la main de sa femme.

— Ce grain de beauté ?

Ce maudit grain de beauté s'était accentué peu à peu dans la blancheur du sein, quoique le peintre l'eût à peine indiqué.

— Est-ce que j'ai un grain de beauté ? demanda Mme Marcy en jouant la surprise. C'est sans doute votre maîtresse qui a un grain de beauté ?

Le soir même, le mari commença son enquête, oubliant un peu trop qu'il avait scandalisé le monde parisien avec une traînée, une mafflue, une déplumée des Folies-Bergères.

Le lendemain, cet homme qui ne se croyait

pas jaloux se réveilla un Othello, décidé à se venger cruellement s'il apprenait que sa femme eût posé pour la galerie.

IV

M. de Marcy voulait envoyer deux témoins à Georges ; mais, après réflexion, il comprit que si on avait peint sa femme toute nue, c'est qu'elle avait posé toute nue. Il ne voulait donc s'en prendre qu'à sa femme.

Et puis un duel, ça fait du bruit. Et puis on risque de ne plus voir le grain de beauté.

Ce qui n'empêcha pas M. de Marcy d'aller tout seul, coûte que coûte, frapper à la porte de Georges pour revoir en plein jour *la Femme couchée*. Georges, trop distrait, ne fit pas de façons pour le recevoir et ouvrir la porte de la galerie, sous prétexte de fumer une cigarette.

A seconde vue, M. de Marcy ne douta pas que ce ne fût sa femme ; mais comment était-elle venue là ?

— Belle créature ! dit-il au maître de la maison ; d'où diable cela vous est-il venu ?

— Tout bêtement de l'hôtel des Ventes. Je

crois, d'ailleurs, que cela vient de loin; on m'a dit que ç'avait été peint à Venise par un élève de Fortuny.

M. de Marcy parla d'autre chose. Mais il s'en alla convaincu que c'était sa femme, quoiqu'elle ne lui eût pas permis, depuis la fête, de la regarder de trop près.

Plus d'une fois, elle lui avait demandé, à lui-même, de la faire peindre non pas toute nue, mais presque, c'est-à-dire dans le joli *déshabillé* des femmes qui vont au bal. Il y a peu de robe, à la vérité, le plus souvent pas de chemise. Or, tout en reconnaissant la souveraineté de ce beau corps, il avait jugé superflu de le transmettre non pas à la postérité — il ne voyait pas si loin — mais à la curiosité des amateurs d'art qui sont presque toujours des amateurs de femmes.

Il lui restait à peine un doute, et il songeait déjà à sa vengeance, quand, un jour au cercle, un de ses amis lui dit sans préambule :

— Tu devrais prier Georges, sans être Tartuffe pour cela, de jeter un mouchoir sur le sein nu de *la Femme couchée,* car on dit qu'elle ressemble à ta femme ou à ta maîtresse.

Le marquis faillit jeter son ami par la fenêtre, mais il cacha son jeu — jeu cruel, comme vous allez voir.

Rentré chez lui vers minuit, il alla droit à sa femme qui était couchée. « Madame, il vous a plu de vous faire peindre toute nue, eh bien ! désormais, vous irez toute nue ! »

V

A peine eut-il parlé qu'il souleva le drap du lit, déchira la chemise de sa femme, l'arracha par lambeaux et la jeta dans l'âtre où le feu brûlait encore.

Ce n'était que le commencement. Pendant que Mme de Marcy s'indignait en se recouvrant, il saisissait la robe qu'elle venait de défaire — laquelle robe eut le sort de la chemise — ce qui était bien dommage, car c'était là deux œuvres de fée — une chemise transparente toute enrubannée comme pour la Belle au bois dormant, et une robe de velours frappé au lys ayant coûté une nuit d'insomnie à Worth.

Après ce sacrifice à sa colère, M. de Marcy dévasta toutes les armoires pour continuer son auto-da-fé.

Ce fut un rude travail; il lui fallut allumer encore deux feux de joie dans le salon et le petit salon.

La marquise avait sonné, mais lui saisissant la main, il arracha le cordon de sonnette. Elle avait appelé, mais à l'apparition de sa fille de chambre, il se contenta de lui montrer un revolver pour qu'elle rebroussât chemin.

Sa femme le sachant aveugle dans ses fureurs, se tint coi, moitié riant, moitié pleurant, jouant le dédain et la raillerie pour cacher ses angoisses. Tant de belles robes qu'elle ne reverrait plus! Mme de Sévigné ne disait-elle pas: « Hormis leurs robes, les femmes n'ont point d'amies! » Et puis, pour la première fois, Mme de Marcy voyait le péril de son équipée.

Au bout d'une heure, — un siècle pour la pauvre femme, — toutes les robes étaient brûlées. M. de Marcy, content de son œuvre, dit à la marquise:

— Maintenant, allez vous promener!

— Monsieur, lui répondit-elle, croyez bien que j'irai me promener. Si on me voit toute nue, ce ne sera pas ici; je vous jure que ce beau corps, dont vous êtes indigne, sera vu par tout le monde, excepté par vous.

Et elle descendit du lit pour braver son mari. Ce que voyant, et plus furieux encore, il saisit un éventail pour fouetter la marquise.

Au premier coup, l'éventail se brisa, comme s'il se refusait à ce crime de lèse-beauté. Le mari prit ensuite une ombrelle, qui ne fit pas un plus long service.

Et toujours sa femme le bravait, le frappant de ses yeux, qui pointaient comme deux épées.

— Brisez tout sur moi, mais ne me touchez pas de vos mains, ou j'ouvre la fenêtre pour appeler tout le monde au spectacle !

M. de Marcy était au bout de ses colères; il se sentait chanceler, comme s'il dût s'évanouir; il sortit pour aller se recueillir chez sa maîtresse, qui était son conseil de famille.

La marquise se couvrit d'un châle et marcha à pas de loup à la rencontre de sa fille de chambre. En effet, elle la vit reparaître aussitôt.

— Antonine, vous allez me retrouver une robe noire parmi celles que je vous ai données.

Antonine comprit et revint bientôt avec une robe noire à la main.

M°" de Marcy la mit en toute hâte et descendit l'escalier quatre à quatre, nouant son chapeau, sans avoir noué ses souliers. Où alla-t-elle ?

Ne le devinez-vous pas ? Elle alla tout droit chez M. Georges Marmont. Jusque-là c'était le seul homme qui eût osé parler d'amour à cette impeccable. Il l'aimait follement, mais il cachait son cœur, même à M°" de Marcy.

— Mon mari, lui dit-elle, m'a condamnée à aller toute nue par la vie, je viens vous demander si vous voulez être du voyage ?

Georges tomba tout ému, plus amoureux encore, aux pieds de la marquise.

Je ne sais pas la suite de la conversation. Je crois qu'elle fût criminelle.

Vous en jugerez : le lendemain Georges appela le peintre ; on lui avait donné cinq mille francs pour peindre M°" de Marcy toute nue, on lui donna cinq mille francs pour lui mettre une robe.

Voilà les hommes. Georges voulait bien exposer toute nue une femme qui n'était pas la sienne, mais dès que Mme de Marcy fut sa maîtresse, il voulut qu'elle fût habillée.

L'INCOMPARABLE LÉONA

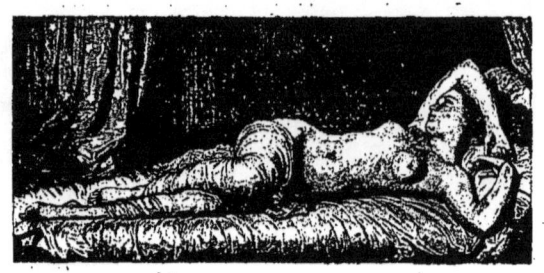

XII

L'INCOMPARABLE LÉONA

I

J'ai cognu une très honneste dame qui a pris toutes les figures pour charmer son monde. Aussi elle a toujours beaucoup d'amoureux comptant pour rien, un mari qui voyage et peut-être un amant, à moins qu'elle n'en ait deux — simple jeu d'éventail. — Elle défie la fortune et les hivers, quoiqu'elle soit née pauvre et que bien des printemps aient passé sur sa figure. C'est que la fée la plus souriante l'a douée à son berceau d'une vertu qui domine toutes les autres : la charmerie !

On ne peut pas la voir sans l'aimer, pour mille et une amorces. Elle est belle quand elle n'est pas jolie, et elle est jolie quand elle n'est pas belle. Dieu lui a donné une de ces figures parisiennes venues de Dijon, de Reims ou de Rouen, qui prennent les cœurs, parce qu'elle reflète, par je ne sais quel art savant, toutes les figures aimées, la Joconde comme la Pompadour.

Le regard bleu est noyé dans une volupté magnétique qui grise les sceptiques; la bouche a des sourires qui vous prennent par leur charme cruel et divin. Et, dans l'attitude, des serpentements inouïs, des ondulations perfides, des câlineries de bête fauve, des abandonnements qui jettent un homme à ses pieds comme un feu de mousqueterie.

Ceux qui ne sont pas là disent du mal d'elle; mais, dès qu'ils lui ont baisé la main, ils deviennent des adorateurs. Quelques-uns veulent faire les beaux, tout en prenant le grand air dédaigneux; mais, dans son coffret d'ébène, elle a plié des lettres qui prouvent leur servage caché.

Un prince célèbre disait d'elle : « La première fois que je l'ai vue, il m'est venu l'dée de la battre et de l'aimer. »

Il l'a aimée, elle l'a battu.

Un peintre célèbre voulut la représenter en Diane ou en Vénus, pour mieux accentuer sa grâce de déesse.

— Oui, dit-elle, mais debout.

— Pourquoi pas couchée.

— Non, debout.

— Dites-moi pourquoi ?

— Pour me reposer.

Elle se calomniait pour faire un mot. Elle se calomniait, parce qu'elle a été plus souvent Minerve que Vénus. Cependant, elle ne joue pas à la femme savante. Un de ses amis lui disait : « Vous avez trop d'esprit. »

— Chut, dit-elle, ne dites pas ça tout haut, car on ne m'aimerait plus.

Molière et Gœthe eussent applaudi à ce mot charmant, si féminin et pourtant si profond : Il faut dire à l'homme : Cache ton bonheur ; il faut dire à la femme : Cache ton esprit.

La Bruyère aurait du plaisir à peindre cette

14.

adorable et irritante créature, vraie femme de la cour de Versailles et de Trianon, quand les Aspasies étaient de la cour; mais n'a-t-elle pas elle-même une cour? Aujourd'hui qu'on a brûlé les Tuileries, où trouverait-on un salon plus royalement habité ? Tous les jours, de cinq à six heures, ce qu'il y a encore du tout-Paris de l'esprit, des arts, de l'armée et du sport, vient dire son mot et prendre l'air de la mode : il y a là des princes, — et des princes du sang, — des philosophes, des poètes, des artistes, des sportsmen, des diplomates; mais non pas les premiers venus, même parmi les princes; il faut avoir marqué par une œuvre ou par une action d'éclat pour avoir droit de cité chez l'archidéesse.

Le vendredi, dîner temporel et spirituel; beaucoup de fleurs, beaucoup de railleries, beaucoup d'imprévu. Elle conduit elle-même la causerie, non pas sur la carte du Tendre, mais à travers tous les abîmes, tous les précipices, tous les casse-cou; tire-toi de là comme tu pourras. Au dernier dîner, Renan et Rochefort ont fait sauter Dieu et la société;

aussi a-t-on dit que les dîners de l'incomparable continuaient les dîners du vendredi de M. de Sainte-Beuve.

II

Mais ne nous attardons pas trop à vouloir peindre cette femme, que nul ne connaît bien et qui ne se connaît pas elle-même. Le philosophe a dit : « Toutes les femmes sont la même; » ce qui veut dire que dans toutes les femmes, il y a une parcelle de la femme; car, au fond, l'ennemie de l'homme est ondoyante et diverse.

Un soir, au dessert, notre très honnête dame parut s'ennuyer.

— Vous avez beau rire. nous dit-elle, j'ai des nuages dans mon ciel, toute la journée je me suis embêtée académiquement; il me semblait, comme disait Alfred de Musset, que j'étais sous la coupole de l'Institut.

Renan défendit sa paroisse et promit à la dame de lui amener deux ou trois académiciens de la plus haute gaieté.

— Eh bien! non, dit-elle, ce n'est pas mon esprit qui s'ennuie, c'est mon cœur.

Son voisin de gauche mit doctement sa main sur le cœur de l'incomparable, en lui disant :

— Il y a donc toujours quelque chose là?

Elle répondit par un coup d'éventail.

— Deux impertinences, dit-elle. Me croyez-vous de l'autre côté de l'eau, comme les douairières?

— Oh! pas du tout, vous êtes la plus vaillante parmi les batailleuses de la vie, mais je vous croyais revenue des bêtises du cœur.

— N'en revient pas qui veut, dit-elle avec un profond soupir. — Ou plutôt, reprit-elle en jetant tout autour un regard de flamme, — je sens que pour être belle il faut aimer.

— Comme il faut être belle pour aimer, dit un prince en s'inclinant.

— Quand on veut aimer et qu'on a des amoureux, dit Henry, on est déjà à moitié chemin.

— Il y a, dit un général, beaucoup de femmes qui trouvent que c'est bien assez d'être aimé.

— Quelle bêtise! dit Léona; être aimé c'est un supplice, et aimer c'est une bénédiction.

Être aimé, c'est à la portée de tout le monde. Mon perruquier est adoré de ma femme de chambre, comme mon cocher. Mais aimer, voilà l'oiseau rare, qui ne vient pas quand on l'appelle; allez voir un peu si le rossignol qui chante dans les bois se fera prendre pour chanter en votre cage !

— Eh bien ! madame, aimez-nous, dit un jeune diplomate qui avait pris ses grades chez Léonide Leblanc ou chez Alice Regnault.

La dame parut se recueillir.

— Je sens, reprit-elle, que je ne prendrai pas feu au premier coup de foudre ; j'ai deux fois vingt ans ; mon cœur ne se donnera qu'à un homme étrange qui aura fait une grande chose.

— Aimez M. de Lesseps.

— Non, j'aurais trop peur des enfants.

— Aimez M. de Brazza.

— Il est parti.

— Aimez Rivière, qui vous enchinoisera.

— C'est mon ami ; je n'aime pas mes amis, ou plutôt j'aime trop mes amis pour les aimer, car vous savez que je suis fatale à ceux qui sont tombés sous mon éventail.

Léona rappela que, dans les contes de fées, les princesses étaient bien heureuses, puisque trois paladins partaient pour elles du même pas à la conquête de l'impossible.

Or, ce soir-là, tout le monde jura de tenter l'aventure et de se surpasser, qui par un beau tableau, qui par un beau poème, qui par une victoire sur l'ennemi, qui par une victoire sur e champ de courses, qui par ceci, qui par cela.

Renan promit d'avoir une entrevue avec Dieu, Rochefort jura qu'il chasserait les vendeurs du temple.

Moyennant ces promesses, et beaucoup d'autres, Léona s'engagea sinon à aimer, du moins à faire croire qu'elle aimerait celui d'entre ses convives qui, au bout d'un an et un jour, aurait accompli la plus belle œuvre ou la plus belle action.

Ceci n'est pas un conte du vieux temps, c'est de l'histoire de 1882.

III

Au bout d'un an et un jour, c'était encore le

vendredi. Tout le monde se retrouva. Pas un qui ne répondit à l'appel, hormis Rivière.

On s'était remis à sa place accoutumée. Le commencement du dîner fut quelque peu solennel. Quoiqu'on n'eût pas pris au sérieux les serments de l'an passé, chacun de nous, pour amuser Léona, était décidé à lui dire : « J'ai fait ceci, j'ai fait cela. »

Léona prit la parole :

— Je commence par donner une larme à notre ami Henri Rivière mort en héros. Lui donner une larme, c'est lui donner le prix. Mais puisqu'il faut vivre avec le vivants, causons de notre tournoi, quoique le mot soit bien démodé. Il y a aujourd'hui un an et un jour, vous m'avez promis, sans doute pour vous moquer de moi et pour m'amuser, de revenir ici les mains pleines de vos hauts faits et de vos chefs-d'œuvre inspirés par moi. J'ai pris cela au sérieux. Qui d'entre vous s'en souvient ?

Plus d'un avait oublié, mais naturellement tout le monde affirma son esclavage.

Le voisin de droite commença :

— Voulez-vous savoir...

— Chut! dit-elle, je sais. Vous avez fait un beau livre où vous vous êtes peint vous-même avec tout l'accent de la vérité — qui se voile; — aussi je vais vous embrasser avec tout l'accent du cœur — qui se cache.

Le philosophe fut embrassé sur les deux joues par ces lèvres rebelles qui ne donnaient presque jamais et qui se donnaient moins encore.

— Eh bien! mon philosophe, reprit-elle, j'aimerai votre livre, ce qui vous fera plus de plaisir que si je vous aimais moi-même.

Elle se tourna vers son voisin de gauche :

— Et vous, mon général ?

— Moi, j'ai conduit mes soldats au feu; ils ont tous été braves, il n'y a pas de quoi se glorifier; mais, un jour, les journaux vous l'ont dit, je me suis trouvé avec un capitaine et trois soldats, ce qui faisait en tout quatre hommes et un caporal, dans une nuée d'Arabes, qui nous ont assaillis comme des abeilles en fureur. J'ai perdu deux hommes, le troisième est aux Invalides, mon capitaine est défiguré, j'ai été blessé à quatre reprises; mais les Arabes que j'ai touchés ne se portent pas bien. J'avais juré de dîner ici, me voilà ; je n'ai fait que mon métier, et je ne veux pas être aimé.

Léona embrassa le général :

— Eh bien ! mon général, je vous aimerai plus en vous aimant moins ; d'ailleurs, que feriez-vous de moi, puisque vous allez repartir pour le désert ?

Et se tournant vers un romancier :

— Je sais ce que vous avez fait, le meilleur de vos romans ; aussi je vous ai aimé toute une nuit.

— Oui, mais je n'étais pas là ; donnez-moi ma revanche.

— Ah ! c'est fini ! Il fallait venir avec votre livre à la main.

— Oui, mais alors vous ne l'auriez pas lu et...

Et ainsi chacun eut son tour et son mot, chacun eut son baiser de consolation.

— Vous, dit Léona à un peintre de marque, je vous ai aimé tout un jour au dernier Salon. Vous savez, mon ami, que votre Vénus me ressemble beaucoup.

— Je crois bien ; je ne pensais qu'à vous.

— C'est risqué ce que vous avez fait là, car j'ai l'air d'être déshabillée sur le rivage.

On put croire un instant que le peintre allait l'emporter et qu'elle se déshabillerait pour lui sur le rivage. Ce n'était certes pas le premier venu. Il avait la figure de l'emploi; on parlait de ses succès dans le monde comme de ses succès au Salon. Le ministre avait mis une fleur rouge à son habit noir par amour de la couleur.

Ceux qui regardent bien, lisaient déjà sur le front de Léona les pensées amoureuses d'une belle désœuvrée qui trouve à peu près son homme. Le peintre, qui n'est pas fat à demi, dit à un de ses voisins, comme il avait l'habitude de dire devant ses tableaux : *Ça y est*. Mais dans le pays de la galanterie on bâtit toujours sur le sable.

IV

— Oh! mon Dieu, dit tout à coup Léona, j'oubliais Gontran.

C'était un tout jeune Parisien, qui portait un nom célèbre et qui ne savait pas encore son chemin dans la vie.

Il leva la tête et regarda l'incomparable avec de beaux yeux qui jetaient des flammes.

— C'est tout naturel qu'on m'oublie, dit-il tristement, puisque je n'ai rien fait.

— Rien du tout ?

— Rien du tout !

Il nous fut aisé à tous de voir que ce jeune homme était amoureux de la dame, car depuis le commencement du dîner, son regard avait rayonné sur elle comme le soleil frappe le lac quand il a soif.

Gontran avait la pâleur de ceux qui ont le cœur inquiet.

Il se troublait chaque fois que Léona disait un mot.

— Voyons, mon ami, reprit-elle, expliquez-moi pourquoi vous n'avez pas suivi le programme de la maison ; qu'avez-vous donc fait depuis un an et un jour ?

Gontran répondit :

— Je vous ai aimée.

L'incomparable n'alla pas embrasser celui-là, mais.....

Mais à minuit, quand tout le monde fut parti, elle lui offrit de chanter avec elle *Plaisir d'amour*.

DIANE AU BAIN

XIII

DIANE AU BAIN

I

MR Arnold de Montmartel se ruina avec les actrices, mais surtout avec Nina la rousse. Que voulez-vous! Il ne respirait bien que dans les coulisses et les avant-scènes.

Vous la connaissez cette Nina qui se croit comédienne et qui joue tous ses rôles avec ses yeux. On frappa Arnold d'un conséil judiciaire ; ce qui l'obligea bientôt à retourner dans ses terres. C'est la suprême ressource de tous ceux qui veulent vivre en se croisant les bras.

Noblesse oblige — à ne rien faire — hormis le métier de soldat. Arnold s'y était risqué par son volontariat, disant qu'il se ferait héros si l'occasion s'en présentait ; mais son année de prise d'armes fut toute pacifique, et il jugea comme tant d'autres qu'il était ridicule de monter à cheval et de porter un sabre pour ne tuer que le temps.

Il revint à Paris et se jeta tête perdue dans le monde où l'on s'amuse, faisant du jour la nuit — et de la nuit le jour. On vit son nom trois ou quatre fois dans les *Échos* de Paris, parce qu'il eut deux duels et qu'il fut de deux steeple-chase.

Le vrai steeple-chase, c'était la course à la comédienne dont il avait eu le malheur de faire le bonheur, c'est-à-dire la fortune. Maintenant, il ne lui restait qu'à faire le tour de ses terres ou le tour de son château, — ou le tour de lui-même pour se juger.

Il vécut seul pendant trois mois au château de Montmartel. Sa mère était chez une de ses filles à Biarritz; son père, ministre de France en Amérique, ne voulait plus qu'on lui parlât d'un tel fils.

Arnold n'aimait pas les livres, ne voulant lire que le livre de la vie ; aussi il s'ennuyait comme la nuit sans étoiles. Il méditait une nouvelle bordée sur Paris. Il écrivait des lettres tour à tour railleuses et éplorées à Mlle Nina, laquelle ne lui répondait jamais que par le télégraphe, cette admirable invention qui nous prive au moins de lire des romans par lettres.

J'ai voulu, par ces quelques mots, peindre l'état de l'âme de M. de Montmartel, que j'ai connu chez une femme à la mode qui donnait à dîner et qui panachait sa table de viveurs et de philosophes, dans son insatiable curiosité.

Arnold se demandait s'il lui faudrait, en attendant qu'une vraie poignée d'or lui retombât dans la main, se résigner à vivre ainsi en cénobite dans le château silencieux où l'on s'ennuyait en famille, témoin ses ancêtres en peinture qui semblaient tous jouer le rôle des chevaliers de la triste figure.

Dans son désespoir, il appela un de ses amis, un décavé comme lui, qui profita de l'invitation pour dire à ses créanciers — et surtout à ses créancières des coulisses — qu'il allait faire un tour dans ses terres : ce qui reconstitua presque son crédit, car jusque-là on ne savait pas de biens au soleil à ce Gascon, point hâbleur, ce qui lui donnait un caractère.

Voilà donc les deux amis bras dessus bras dessous dans l'avenue du château.

— C'est merveilleux ! ton manoir.

— Oui, mon cher, et bâti sur les plans de Du Cerceau.

— Rien que ça ? C'est amusant de vivre ici.

— Si amusant, que je m'y ennuie à mourir ; mais puisque te voilà, nous nous ennuierons à deux.

— Ou à trois, reprit M. de Versillac, car Nina est bien capable de pousser une pointe jusqu'ici.

— Oh ! il ne faut pas qu'elle s'y hasarde.

— Pourquoi donc ?

On était arrivé au haut du perron.

— Tu vas comprendre.

Arnold conduisit Versillac dans l'ancienne salle des gardes, qui n'était plus gardée que par les araignées.

— Des ancêtres, s'écria Versillac.

— Tu comprends, mon ami, que ces gens-là fronceraient joliment le sourcil, si Nina venait leur faire un pied de nez.

— Oh! mon Dieu! jusqu'ici tu t'es si bien moqué des remontrances de ton père et de ta mère, que tu te fiches pas mal de tes glorieux ascendants.

II

On déjeuna à fond de train. Versillac fit venir la cuisinière pour la complimenter ; il daigna aussi, quoique Bordelais, féliciter Arnold sur le vin de Champagne du château.

Après le déjeuner, Arnold eut beau faire pour l'entraîner en pleine campagne : Versillac avait décidé qu'il pêcherait à la ligne, il n'en voulut point démordre, pour s'habituer aux mœurs agrestes ou pour faire pénitence.

On marcha jusqu'à la rivière qui était au bout du parc. Versillac trouva bientôt un coin favorable pour jeter sa ligne. Arnold continua son chemin tout en fumant.

A une demi-lieue de là, la rivière jette un de ses bras à travers le parc du château de Belmarre, habité par les Saint-Amant, une ancienne famille oubliée en province. Arnold ne connaissait ce château que de loin, parce que les Saint-Amant et les Montmartel étaient en guerre depuis un demi-siècle pour des limites de propriétés; aussi Arnold eut-il la curiosité du fruit défendu quand il passa devant ce château style Louis XV, qui souriait mieux aux passants que Montmartel. Le parc, d'ailleurs, était plus beau par le bras de rivière et plus touffu par les vieux arbres. Aussi, ce jour-là, Arnold ne se crut-il pas obligé de détourner les yeux devant une des grilles, qui n'était pas d'ailleurs la grille de la façade.

Il arrivait à temps, car une jeune fille vêtue en héroïne de roman, bouquet de roses au corsage, chapeau frondeur sur une opulente chevelure, l'œil noir perdu dans un rêve bleu, traversait alors la grande allée pour s'enfoncer dans les massifs. C'était comme une apparition.

— Comme elle est jolie! murmura Arnold.

Mlle de Saint-Amant n'était pas jolie, elle était belle.

Elle marchait avec une grâce suprême, parce qu'elle était grande, mince, souple, presque aérienne. Et pourtant, quoique sa robe fût flottante, les seins et les hanches s'accusaient harmonieusement.

Elle disparut sous les ramées, sans se douter qu'elle eût été en spectacle. Pendant tout un quart d'heure, Arnold demeura le front contre la grille, espérant que la jeune fille repasserait, mais elle ne reparut pas.

Il finit par s'arracher à cette vision charmante. Quand il s'éloigna, il retourna plus d'une fois la tête en redisant le vers de Théophile Gautier :

Tout mon bonheur est-il enfermé là ?

Il retrouva Versillac endormi sur la berge, ayant abandonné sa ligne aux poissons.

— Que diable aussi, tu fais boire du vin de Champagne à un Bordelais. Et toi, as-tu dormi ?

— Non, moi, je rêve tout éveillé.

— A quoi rêves-tu ?

Arnold voulait parler, mais la parole s'arrêta sur ses lèvres. Il lui sembla qu'il ferait évanouir cette douce apparition s'il ouvrait sur elle les yeux de Versillac. Il ne s'était jamais passionné qu'aux amours du steeple-chase, aux passions du casse-cou. Il se sentait tout emparadisé par sa belle voisine, ce contraste adorable des filles à la mode.

Quand les deux amis furent de retour au château, Arnold prit un livre pour échapper à Versillac, qui, de son côté, s'en alla droit à la cuisine pour savoir de quoi il retournait par là, car il était gourmand comme pas un. D'après le menu projeté pour le soir, il jugea qu'on le traitait trop sans façon ; aussi prépara-t-il un plat de son métier, en envoyant une dépêche à Paris.

La réponse à la dépêche ne se fit pas longtemps attendre.

Le lendemain, à l'heure du déjeuner, on fit

arriver au château un convive inattendu : c'était Mlle Nina.

— Oui, mon ami, dit-elle en sautant au cou d'Arnold : ta petite Nina en rupture de coulisses ; vois-tu, la vraie comédie est celle où le cœur joue un rôle.

— Chut! dit Arnold. J'ai peur que ma mère ne revienne de Biarritz.

— Oui, cher, mais en attendant, nous allons faire sauter le château. N'est-ce pas, Versillac ?

Le Bordelais approuva, tout heureux de retrouver l'atmosphère de Paris dans les senteurs pénétrantes de Mlle Nina.

On déjeuna gaiement et tristement ; à peine eut-on servi le café que le maître de la maison se leva et sortit comme si on l'eût appelé. C'est qu'il se sentait appelé par Mlle de Saint-Amant ; c'est qu'il y a des voix pour le cœur comme pour l'oreille. En moins de vingt minutes, Arnold se retrouva à la grille du château de Belmarre.

Il arrivait à point, car Mlle de Saint-Amand descendait du perron ; cette fois elle ne rêvait plus et elle marchait à grande vitesse, mais toujours avec une grâce ailée, avec une désinvolture idéale.

Comme la veille, elle suivit la grande allée, mais elle disparut bientôt sous les massifs.

Où allait-elle ? car on ne se promène pas quand on marche si vite. Arnold contourna la grande haie du parc pendant quelques secondes, espérant suivre la jeune fille des yeux ; mais tout d'un coup, une vieille muraille se dressa devant lui. Ce n'était pas la grande muraille de la Chine ; aussi Arnold qui avait fait ses preuves au cirque Molier sauta sur la croupe comme sur celle d'un cheval. Il avait trouvé sa stalle pour le plus beau spectacle du monde. Une fois monté sur le vieux mur, il fut ébloui par la réverbération du soleil sur un étang qu'il entrevoyait à travers les branches flottantes des tilleuls, des frênes et des saules. On eût dit des jeux de lumière de Rousseau et de Diaz, tant la feuillée riait et flamboyait.

Ce n'était que le décor. Tout en regardant les menus détails, Arnold vit se dessiner un cygne sur l'étang. Il pensa alors que Mlle de Saint-Amant était peut-être venue là pour le goûter du cygne, mais il ne la voyait pas.

La solitude était charmante, le merle malin sifflait le coucou, le rossignol jaloux étouffait la voix de la fauvette à tête noire. Toute une orchestration rustique.

— La voilà, dit tout à coup Arnold ravi.

Il était deux fois ravi, car non seulement il avait entrevu, grâce à un coup de vent qui détournait les branches, Mlle de Saint-Amant, mais encore il comprit qu'elle était venue pour se baigner. Elle se trouvait à la porte d'un tout petit pavillon où sans doute elle avait l'habitude de se déshabiller, mais ce jour-là elle se contentait d'une anfractuosité de rochers artificiels. Déjà elle avait jeté son grand chapeau à la Marie-Antoinette et sa pelisse de laine blanche qui recouvrait une simple robe de chambre rouge, à peine retenue par une ceinture d'argent.

La ceinture dégrafée, il ne resta que la chemise, un nuage transparent.

Mlle de Saint-Amant avait trop le sentiment de l'art pour se baigner dans un parc solitaire avec cet abominable costume de bain qui déshonore la beauté corporelle. Elle ne se croyait certes pas en spectacle; mais ne se voyait-elle pas elle-même? Pourquoi offenser ses yeux.

D'ailleurs il lui semblait que dans la solitude il y avait toute une peuplade d'oiseaux, de papillons et de fleurs, familière à la beauté des choses visibles.

Arnold était aux anges, il eût payé sa place d'une année de sa vie. A chaque mouvement de la jeune fille, il décidait que c'était là un chef-d'œuvre d'art vivant. On n'avait jamais modelé une statue avec plus de génie ; tout avait son caractère et sa grâce ; les lignes serpentaient en ondulations charmantes. Les hauts reliefs s'accusaient, ni trop ni trop peu, par une précision exquise. Arnold croyait voir à la fois Vénus Astarté marchant sur les ondes et Diane chasseresse fuyant dans la forêt.

Par malheur, selon les caprices du vent, les branches voilaient plutôt qu'elles ne dévoilaient ces miracles de séduction. La chemise ne fut pas plus tôt jetée sur l'herbe que Mlle de Saint-Amant se précipita dans l'étang, dont l'eau toute frémissante la baisa de ses mille lèvres, la cachant à demi. Mais comme Arnold l'avait vue de face, il n'était pas fâché de la voir d'un autre côté, car Dieu fit si bien tout ce qu'il fit qu'une femme est belle à voir au nord comme au midi, à l'orient comme à l'occident, témoin le groupe des *Trois Grâces*, témoin les deux *Odalisques* d'Ingres, témoin *le Lever* de Van Loo et *le Coucher* de Chaplain. Un voluptueux disait : « Ce qui me fait douter d'un autre monde, c'est que la beauté de la femme est parfaite dans celui-ci. »

Pendant que M. de Montmartel était si heureux de cette perspective adorable, Mlle de Saint-Amant était désespérée ; aussi ne la vit-il qu'à la surface ?

Elle s'abritait tout à coup sous les grands roseaux. Ce n'était pas pour chercher l'ombre : elle avait vu Arnold sur le mur. Je peindrais mal sa colère soudaine. Que faire, sinon se cacher dans l'eau et contre la rive ? Elle n'avait pas, comme Diane, sa vengeance toute prête. Certes elle eût bien voulu changer M. de Montmartel en cerf, pour qu'il se sauvât à toutes jambes.

Heureusement Versillac et Mlle Nina la débarrassèrent de cet importun; mais le coup était porté.

Arnold ne détournait pas la tête lorsqu'il entendit rire à quelques pas dans la campagne. C'étaient Versillac et Nina. Il aurait voulu les foudroyer ; on peut juger de sa fureur quand Versillac accourut pour sauter lui aussi sur le mur.

— Attends ! lui dit Nina, tu me feras la courte échelle.

Heureusement Versillac était gris : à peine sur le mur, il retomba à terre. Arnold eut beau lui dire : Chut! et lui faire signe de se tenir coi, le Gascon voulait être de la comédie. Il tenta encore l'aventure; mais Arnold sauta à terre, le prit par les pieds et le rejeta dans sa colère à quelques pas du mur.

C'est que ce n'était pas pour le libertinage des yeux qu'il était resté là : il se fût offensé qu'un dépravé comme Versillac dépoétisât ce beau corps virginal par un regard impur. Lui, au moins, tempérait sa curiosité par l'adoration. Déjà l'idée d'épouser Mlle de Saint-

Amant lui donnait l'auréole du bonheur. Jusque-là il avait eu des femmes sans comprendre les divines pudeurs de l'amour, mais il venait, comme par miracle, d'être initié à tous les chastes trésors que doit révéler le mariage.

Or, que faire de Versillac et de Nina? Il fallait commencer à tout prix par les éloigner de ce château enchanté. Il leur dit qu'il était là, étudiant la valeur des arbres du parc de Belmarre, parce que tout le domaine était à vendre. Versillac aurait bien voulu lui-même faire son estimation, mais Arnold le prit par le bras pour l'entraîner bien vite, pendant que Nina effeuillait des marguerites.

Au dîner, on trouva bien morose le maître de la maison, on menaça de le laisser à sa solitude, il prit la balle au bond, sous prétexte qu'il avait peur d'une surprise de sa mère. Le lendemain matin, les oiseaux s'envolèrent, aile dessus aile dessous : Versillac avec dix louis que lui prêta son ami, Nina avec une miniature de Beaudouin et deux éventails anciens qu'elle avait trouvés dans sa chambre. Il ne faut jamais perdre son temps.

III

Cependant, dès que Mlle de Saint-Amant avait vu disparaître Arnold, elle s'était hâtée de remettre sa chemise tiède encore et sa robe flottante pour reprendre le chemin du château. Elle était si confuse et si désolée qu'elle passa par les sentiers les plus sombres, presque à travers les aulnaies et les épines, tant elle avait peur de la lumière. Elle n'osa pas se montrer au perron. Elle rentra par la porte de l'office et courut s'enfermer dans sa chambre. La fille de Jephté gravissait la montagne pour aller pleurer sa virginité : Mlle de Saint-Amant, qui se sentait violée par le regard d'Arnold comme Nausicaa par le regard d'Ulysse, cacha sa honte dans le coin le plus obscur de sa chambre.

Au dîner, sa mère fut effrayée de la voir si pâle; Diane parla d'une migraine. Le lendemain, sa figure était plus ravagée encore, car elle n'avait pas dormi. Elle ne pouvait s'habituer à cet effeuillement de sa pudeur. Elle aurait voulu mourir, mais, même dans la mort, il lui semblait que son linceul serait profané, tant elle avait au plus haut degré le sentiment de la splendeur virginale.

Comment avoir raison de cet outrage? Comment se venger de cet homme qu'elle croyait, comme tous les siens, l'ennemi de sa famille? Elle pria Dieu, comme si la justice de Dieu frappait de telles félonies.

Diane avait ses cahiers roses et ses cahiers bleus : des confidents muets de ses joies et de ses peines. Ce jour-là, elle prit un cahier noir. Elle se confessait bien plus à elle-même qu'à son confesseur. Voici une page écrite aux premières secousses de son indignation.

« Je suis exaspérée ! j'ai vécu dans la fièvre
« depuis cette après-midi. Je me croyais dans
« le parc comme dans une salle de bain ; ma
« mère m'avait pourtant avertie du danger.
« Un étranger, un ennemi m'a surprise au mo-
« ment où je descendais dans l'étang. C'en est
« fait de toutes mes illusions. Je suis empêchée
« à tout jamais d'être heureuse, car je ne me
« sens plus dans l'atmosphère virginale des
« jeunes filles. Je me hais et je hais M. de

« Montmartel ! O mes larmes ! mes larmes ! »

Le désespoir de Mlle de Saint-Amant fut si profond qu'un peu plus elle se réfugiait au couvent pour trouver une retraite inaccessible.

IV

Dès que Nina et Versillac furent partis, Arnold s'en fut tout droit chez le curé de Bèlmarre qui avait été un instant son précepteur.

— Mon cher maître, je renonce à Satan, à ses pompes, à ses œuvres. Je suis éperdument amoureux de Mlle de Saint-Amant. Nos familles sont des Capulet et des Montaigu, il faut effacer ces haines par un mariage qui sauvera ma jeunesse et qui fera la joie de mon cœur.

Le curé, quelque peu surpris, demanda à Arnold où il avait vu Mlle de Saint-Amant. Un peu plus Arnold répondait « au bain », mais il se reprit et dit « à la messe ». Ce mot lui regagna le cœur de l'homme en soutane.

— Vous a-t-elle vu ?

— Jamais ! Mais je sens à mon cœur qu'elle daignera m'écouter ; sa mère non plus ne sera pas bien féroce, car vous vous souvenez qu'il y a sept ou huit ans, je l'ai sauvée d'un grand péril en me jetant à la tête de ses chevaux.

— Oui, mais depuis vous avez chassé sur ses terres. Enfin, puisque c'est pour le bon motif, je veux bien me mettre en campagne.

— Vous direz à la jeune fille...

— N'allons pas si vite, vous prenez feu et flamme comme un fagot de la Saint-Jean. Je vous promets d'aller tout à l'heure au château.

— Dites à la mère que je fais mes Pâques.

Le curé ne put s'empêcher de sourire.

— Taisez-vous, profane, ou je ne prêche pas pour vous.

Le soir, le curé de Belmarre vint au château de Montmartel et conta à Arnold que tout n'était pas désespéré. La mère avait jeté de hauts cris et la fille avait dit qu'elle sacrifierait bien tous ses aspirants pour devenir la comtesse de Montmartel. Elle était offensée de la vie endiablée de M. Arnold à Paris, mais elle avait une raison pour vouloir l'épouser. « Quelle raison ? avait demandé la mère. — C'est mon secret, » avait répondu la fille.

Quelle pouvait bien être cette raison? Arnold y perdit son latin et celui de M. le curé.

V

Je ne dirai pas le mot à mot des préliminaires du mariage. Arnold s'évertua à triompher de tous les obstacles. Ce ne fut pas sans peine; il fallut d'abord rapprocher les familles, ce qui se fit grâce au génie de Mlle de Saint-Amant qui mit en avant un grand personnage à qui on n'avait rien à refuser. On fit dix fois par jour jouer le télégraphe; les haines s'adoucissent à distance. M. de Montmartel, qui n'était pas content d'un fils prodigue, fut presque heureux de le savoir à mi-chemin d'un mariage avec Mlle de Saint-Amant.

Mme de Montmartel qui était revenue de Biarritz en toute vapeur présenta son fils, après avoir fait une visite quelque peu humiliante à Mme de Saint-Amant. Beaucoup d'obstacles, beaucoup de *va-et-vient*, des remontrances de la mère, des larmes de la fille. L'éloquence des larmes l'emporte toujours. Le mariage fut décidé et fixé au jour de la fête de Mme de Saint-Amant, sur la fin de novembre.

Arnold, qui ne quittait plus Montmartel, ne vint à Paris que pour la corbeille. Naturellement il y rencontra Versillac.

— On dit que tu te maries? chanta le Gascon; je t'en fais mon compliment.

— Pourquoi?

— Ta fiancée est adorablement belle.

Quoique Arnold, mécontent du séjour de Versillac chez lui, voulût le tenir à distance, il ne put s'empêcher de lui demander où il avait vu Mlle de Saint-Amant.

— Tu ne te souviens pas?

Arnold semblait chercher.

— Voyons, tu as oublié le jour où je t'ai vu juché sur un mur? Te figures-tu donc que je n'ai pas eu l'esprit de chercher à voir ce que tu voyais...

— Je ne comprends pas.

— Eh bien, j'ai vu comme toi Mlle de Saint-Amant qui se baignait plus blanche que son cygne — non pas dans la pose de Léda.

Arnold se retint pour ne pas sauter à la gorge

de Versillac. Après tout, le soleil luit pour tout le monde, même quand les femmes sont au bain.

— Tu sais que je m'invite aux noces, reprit Versillac, car je veux voir ta femme en robe de mariée ?

Arnold pensa qu'en parlant de robe, Versillac faisait allusion au déshabillé de Mlle de Saint-Amant au bord de l'étang, prête à aller retrouver son cygne.

De son gant il souffleta Versillac.

— Je vous défends de parler ainsi.

Le lendemain Mlle de Saint-Amant apprit par une dépêche que son fiancé avait donné un coup d'épée à un de ses amis dans un duel sans merci après trois reprises sanglantes.

Versillac fut laissé pour mort. Il eut alors un bon mouvement : il mentit pour la première fois de sa vie. Il écrivit à Arnold :

« Si je t'ai offensé, c'est sans le vouloir,
« mon cher ami. C'était donc un crime de voir
« Mlle de Saint-Amant, tout habillée, jetant du
« pain à son cygne ? »

Arnold alla embrasser Versillac qui lui dit :

— Vois-tu, Arnold, il faut être bon diable

dans l'amitié. Ainsi si Nina se jetait à travers ton mariage, je l'enlèverais !

Ce duel jeta pourtant un nuage sur les jours qui précédèrent le mariage. « Pourquoi vous êtes-vous battu ? » demandait sans cesse la fiancée à Arnold. Il répondait invariablement : « Pour une offense. »

Le jour des noces, le nuage fut dissipé, le soleil des beaux jours rayonna sur les épousés.

VI

Le lendemain, au point du jour, Mlle de Saint-Amant se souleva sur le lit nuptial et regarda le feu qui brûlait encore, car on avait jeté dans l'âtre des bûches de Noël.

— Dieu soit loué ! dit Arnold qui se réveillait d'un demi-sommeil ; j'avais peur que ce ne fût qu'un rêve.

— Et si ce n'était qu'un rêve ?

Arnold regarda Diane avec inquiétude. Elle se leva majestueusement, dans l'attitude où il l'avait vue toute nue au bord de l'étang.

— Arnold, le jour où je vous ai donné ma

main, je ne vous ai pas donné mon cœur, car je ne vous aimais pas.

— Vous ne m'aimiez pas?

— Non, parce que vous m'avez surprise au bain.

Elle rouvrit ses bras à Arnold :

— Mais maintenant je vous aime.

— Pourquoi, Diane ?

— Parce que vous êtes dans mon lit.

Moralité du mariage selon Xénophon.

TABLE

MADEMOISELLE SALOMÉ................. 1
JANINA...................................... 17
LE HUITIÈME PÉCHÉ CAPITAL........ 35
LE STOÏCISME D'UNE PARISIENNE.... 55
TROIS PAGES DE LA VIE DE VALLIA... 75
LE VIOLON VOILÉ.......................... 97
L'HOSPITALITÉ ÉCOSSAISE............. 121
LA SIXIÈME LUNE DE MIEL............ 147
LES VISIONS DE LUCIA.................. 169
IL NE FAUT JURER DE RIEN........... 199
LA FEMME COUCHÉE...................... 221
L'INCOMPARABLE LÉONA................ 241
DIANE AU BAIN............................ 259

GRAVURES

On ne donnera pas ici les titres ni les sujets des gravures qui enrichissent ce recueil. Le lecteur les devinera dans le crayon charmant de H. de Hem, qui si longtemps a été le Gavarni de la Vie parisienne; *de Ferdinand Bac, de Mars, de Mlle de Solar, qui avec H. de Hem représentent si spirituellement les belles mondaines de* l'Art et la Mode. *Ils ont achevé de donner à ces Douze Nouvelles nouvelles l'expression toute parisienne des aventures romanesques des dernières saisons.*

www.ingramcontent.com/pod-product-compliance
Lightning Source LLC
Chambersburg PA
CBHW070740170426
43200CB00007B/587